高等职业教育铁道交通运营管理专业“十二五”规划教材

铁路接发列车作业

李慧玲　贾　润　主　编
陈锦生　魏　宇　副主编

中国财富出版社

图书在版编目（CIP）数据

铁路接发列车作业/李慧玲，贾润主编．—北京：中国财富出版社，2013.5（2025.8 重印）
（高等职业教育铁道交通运营管理专业“十二五”规划教材）
ISBN 978-7-5047-4670-2

Ⅰ.①铁…　Ⅱ.①李…②贾…　Ⅲ.①铁路车站—车站作业—高等职业教育—教材
Ⅳ.①U292.15

中国版本图书馆 CIP 数据核字（2013）第 077468 号

策划编辑　郑欣怡　　**责任印制**　尚立业
责任编辑　郑欣怡　　**责任校对**　杨小静

出版发行　中国财富出版社（原中国物资出版社）
社　　址　北京市丰台区南四环西路 188 号 5 区 20 楼　　**邮政编码**　100070
电　　话　010-52227588 转 2098（发行部）　　010-52227588 转 321（总编室）
010-52227566（24 小时读者服务）　　010-52227588 转 305（质检部）
网　　址　http://www.cfpress.com.cn
经　　销　新华书店
印　　刷　北京九州迅驰传媒文化有限公司
书　　号　ISBN 978-7-5047-4670-2/U·0086
开　　本　787mm×1092mm　1/16　　**版　　次**　2013 年 5 月第 1 版
印　　张　12　　**印　　次**　2025 年 8 月第 5 次印刷
字　　数　262 千字　　**定　　价**　48.00 元

丛书编写委员会

出版说明

高等职业教育铁道交通运营管理专业“十二五”规划教材系中国财富出版社（原中国物资出版社）与全国多所重点铁道运输类院校共同开发。本套教材是在这几所院校推行校企合作、工学结合人才培养模式的基础上，进行教学研究及课程建设的成果。该套教材已经过多次的实践，不断完善，真正做到了以用为学，以学为先，实现了“学校为企业培养员工，企业为学校培养学生”。该套教材具有如下特点：

“工学结合”的编写模式。该套教材是依托职业岗位确定课程目标，基于职业岗位任务制定学习内容，并且以职业院校教师编写为主，以企业人员技术指导及主审为辅，把课堂知识与企业的职业岗位职责、岗位技能相融合，保证了课本知识符合企业所需人才的培养方案要求。

内容和形式的创新。教材打破了原来学科体系的编写方法，以任务、实训案例为载体，以岗位小贴士为课外补充，充分展示了该套教材理论与实践的结合、知识与岗位技能对接的特点。

案例真实，实训性强。教材选取职业岗位的典型案例，具有真实性、针对性，有助于学生真实体会职业岗位工作内容。教材中还设置了具体的工作任务及工作流程，并采用步骤式的方案引导学生分组进行实践操作，培养学生全局意识及工作过程中的协调能力。

任务、案例循序渐进，易于学习。教材中任务、案例的安排遵循由简单到复杂、由单一到综合的递进关系，梯度明晰，逻辑性强，符合高等职业院校学生认知特点和职业教育能力培养方案。

伴随铁道交通技术的不断发展与改进，中国财富出版社会与全国铁道交通运营专业教师共同再接再厉，为全国高等职业院校铁道交通运营专业的学子们提供规范、适用的精品教材。

前　言

中国铁路发展进程越来越快，既有线上运输能力越来越紧张，而列车运行的安全、快捷、环保等优越性也越来越明显。随着铁路既有线的提速，企业的用人需求也更加迫切。运营生产一线尤其需要具有专业职业素养，掌握职业岗位所需要的理论知识和操作技能的高端技能型人才。

我国高等职业教育为了适应企业对职业人才的需求，倡导项目导向、任务驱动的职业教育理念。在教学做一体的教学方式下，使学生在学习中了解岗位要求，理解岗位所需知识和技能，缩短与现场岗位的差距。

铁道交通运营管理专业的培养目标是培养能够适应铁路运营生产管理一线，具有良好的职业道德和敬业精神，能够从事客运、货运、列车运行及组织指挥的高端技能型人才。《铁路接发列车作业》是要培养在铁道交通运营管理过程中，具有组织实现列车运行的组织指挥人才。

本教材通过对岗位职业能力分析，由低到高提出每个项目的知识目标和能力目标；以任务导入引入学习任务，以任务单引入知识研修。使学生在学习之前就能够清楚岗位的职业要求，提高学习的兴趣。本课程主要从接发列车工作认知、正常情况接发列车作业、行车设备故障接发列车作业、运行条件变化接发列车作业、施工（事故）接发列车作业五个项目进行学习。

本教材编写分工如下：呼和浩特职业学院贾润、齐晓鸿，天津铁道职业技术学院刘明秀编写项目一；天津铁道职业技术学院魏宇编写项目二；天津铁道职业技术学院李慧玲编写项目三；北京铁路局刘宏志，天津铁道职业技术学院赖晓燕编写项目四；湖南高速铁路职业技术学院陈锦生编写项目五。

本教材由李慧玲、贾润担任主编，陈锦生、魏宇担任副主编。全书由靳希颖主审。

鉴于编写人员水平有限，书中难免有疏漏之处，恳请各位老师和广大读者提出宝贵意见。

编　者

2013 年 1 月

前言

目　录

项目一　接发列车工作认知

知识目标

1. 列车种类与车次；
2. 接发列车作业内容与程序；
3. 车站分类及设备的组成与功能；
4. 车站作业特征。

能力目标

1. 正确识别列车符号；
2. 正确判断车站设备状态；
3. 正确选择接发列车作业标准。

任务导入

本项目你的任务是面对列车能独立判定列车的作业要求、作业特点，选择接发列车作业标准，并借助列车和车站等不同载体训练你对接发列车工作的理解能力。熟悉接发列车各工种岗位职责及接发列车的方法与程序。对此，你需要理论与实践的练习，在练习过程中，你会逐步掌握本项目中完成各任务应具备的所有技能，包括相关的背景知识，这也是学习中非常重要的一部分。

为达到真正的学习效果，并最终能独立完成任务，你应该在准备阶段多渠道、全方位地了解相关知识，更重要的是必须学会独立思考问题，而不是简单地看书、听讲、完成任务。

在完成这一任务时，请尽量始终遵循以下规则：

在做每一小项任务前，都要先获取有关方面的信息（信息获取的重点在“任务单”）。这就是说，不仅学会如何正确判定列车的作业要求、作业的地点及接发列车的内容，而且要掌握：怎么确定列车的性质？列车对车站的工作有什么要求？接发列车作业涉及哪些岗位，它们之间有什么联系？在判定工作中你的主要依据是什么，从哪里获取这些依据？你如何正确运用规章条款为判定工作服务？等等。

请你始终独立处理信息并且借助相应的工作技巧，给文本作标记、记录，制作并展示你的学习卡片等，对于长期保存信息来说，这些都是非常有效的工作策略。请你始终要以书面形式记录关于任务的相关信息！

学习任务1　列车认知

任务描述

本次任务需要你作为一名车站值班员能面对列车车次，独立判定列车情况及条件，包括明确列车运行方向、运输性质及等级、列车运行时刻、确定作业要求，判定列车的运行状态等，并能依据规章规定条理清晰地说明你的理由。具体任务见任务单所示。

任　务　单

甲—乙—丙为双线自动闭塞区间，甲站开往丙站为下行方向，丙站开往甲站为上行方向。甲站3道停有待发列车32045次，乙站5道停有待发列车22701次，丙站4道停有待发列车1308次，请判断甲、乙、丙三站的列车种类、性质、运行方向及开往的车站。

知识准备

一、列车定义及分类

(一) 定义

列车是指编成的车列并挂有机车及规定的列车标志。也就是说，列车必须具备三个条件：一是按有关规定编成的车列；二是挂有牵引本次列车的机车；三是有规定的列车标志。

单机（包括单机挂车）、动车及重型轨道车虽未完全具备列车条件，当指定有列车车次时，亦应按列车办理。其中动车指轻油动车及重油动车，并包括附挂车辆，但不包括轨道起重机。单机（包括单机挂车）、动车及重型轨道车的编组内容简单，因此发往区间时可不完全具备列车条件。但在办理闭塞、接发列车、在区间被迫停车后的防护及调度指挥等方面，均应按列车运行的有关规定办理。

(二) 分类

为适应旅客和货物运输的不同需要，按照运输性质、用途及等级进行分类。

1. 按运输性质分类

(1) 旅客列车（特快、快速、普通旅客列车）

旅客列车是指运送旅客的列车，根据运行速度及等级不同分为不同的列车。

(2) 行邮行包列车（特快、快速行邮列车，行包列车）

由行李车组成，运行速度较快，以加速行包送达的列车。

(3) 军用列车

军用列车是指为完成铁路军事运输任务，为国防建设服务而开行的列车。

(4) 货物列车

货物列车是指以运送货物的车辆编成的列车，包括“五定”班列、快运货物列车，以及直达列车、直通列车、区段列车、摘挂列车和小运转列车等，如图 1-1 所示。

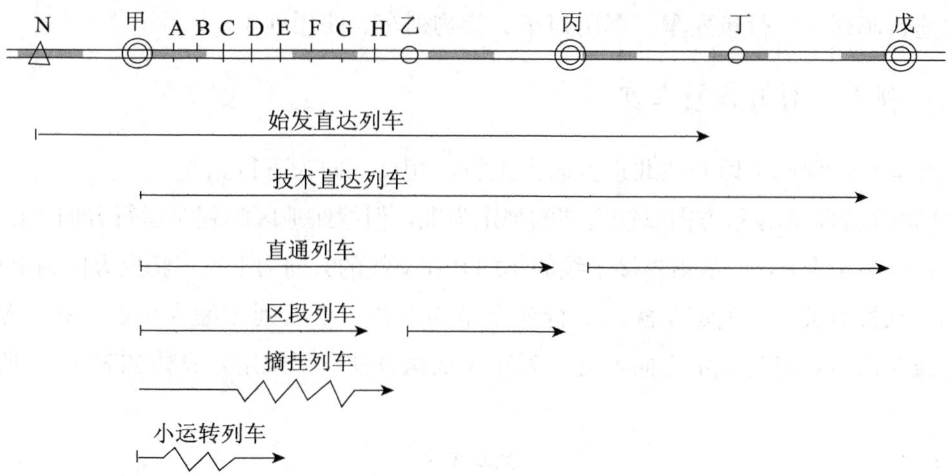

图 1-1　货物列车分类

“五定”班列是指在主要城市、港口、口岸间铁路干线上组织开行的“定点（装车地点）、定线（固定运行线）、定车次、定时（固定到发时间）、定价（运输价格）”的快运货物列车，它包括集装箱“五定”班列和普通货物“五定”班列两种组织形式。

快运货物列车是指运输鲜活易腐货物为主的货物列车。

重载列车是指牵引重量至少达到 8000 吨（以前为 5000 吨）的货物列车。

冷藏列车是利用机械冷藏车专门运送鲜活、易腐等需要保持特定温度的货物列车。

超限列车是指挂有装载超限货物车辆的货物列车。

自备车列车是为运输大宗、固定的货物往返运行于特定区段内，全部以企业自备车编组而成的货物列车。

直达列车是指列车编成后，途中通过一个及其以上编组站不进行改编的列车。根据列车编成的地点可分为始发直达列车（装车地编组）和技术直达列车（技术站编组）；根据列车运输货物可分为煤炭直达列车和石油直达列车；在卸车地可编成空车直达列车。

直通列车是指在技术站编组，途中通过一个及其以上区段站不进行改编的列车。

区段列车是指在技术站编组，运行于一个牵引区段的列车。

摘挂列车是指在技术站编组，运行于一个牵引区段为中间站服务的列车。

在技术站和邻接区段规定范围内的几个车站间开行的非正规列车，称为区段小运转列车。在枢纽内各站间开行的列车，称为枢纽小运转列车。

（5）路用列车

路用列车是指为铁路内部自用而开行的列车。

2. 按列车运行等级顺序分类

按列车运行等级顺序分为特快旅客列车、特快行邮列车、快速旅客列车、普通旅客列车、快速行邮列车、行包列车、军用列车、货物列车、路用列车。

二、列车运行方向及车次

列车运行，原则上以开往北京方向为上行，相反方向为下行。

全国各线的列车运行方向以铁道部的规定为准，但枢纽地区的列车运行方向，由铁路局规定。在铁路支线上，一般由连接干线的车站开往支线的方向为下行，相反方向为上行。

列车须按有关规定编定车次。上行列车编为双数，下行列车编为单数。在个别区间，使用直通车次时，可与规定方向不符。列车车次执行铁道部规定，具体如表 1－1 所示。

表 1－1　　列车车次

<table>
<tr><td>一</td><td colspan="3">旅客列车</td><td>一</td><td colspan="3">旅客列车</td></tr>
<tr><td rowspan="3">1</td><td colspan="2">高速动车组旅客列车</td><td>G1－G9998</td><td rowspan="3">5</td><td colspan="2">特快旅客列车</td><td>T1－T9998</td></tr>
<tr><td rowspan="2">其中</td><td>跨局</td><td>G1－G5998</td><td rowspan="2">其中</td><td>跨局</td><td>T1－T4998</td></tr>
<tr><td>管内</td><td>G6001－G9998</td><td>管内</td><td>T5001－T9998</td></tr>
<tr><td rowspan="3">2</td><td colspan="2">城际动车组旅客列车</td><td>C1－C9998</td><td rowspan="3">6</td><td colspan="2">快速旅客列车</td><td>K1－K9998</td></tr>
<tr><td rowspan="2">其中</td><td>跨局</td><td>C1－C1998</td><td rowspan="2">其中</td><td>跨局</td><td>K1－K6998</td></tr>
<tr><td>管内</td><td>C2001－C9998</td><td>管内</td><td>K7001－K9998</td></tr>
<tr><td rowspan="3">3</td><td colspan="2">动车组旅客列车</td><td>D1－D9998</td><td rowspan="4">7</td><td colspan="2">普通旅客列车</td><td>1001－7598</td></tr>
<tr><td rowspan="2">其中</td><td>跨局</td><td>D1－D3998</td><td colspan="2">（1）普通旅客快车</td><td>1001－5998</td></tr>
<tr><td>管内</td><td>D4001－D9998</td><td rowspan="2">其中</td><td rowspan="2">跨三局及其以上</td><td rowspan="2">1001－1998</td></tr>
<tr><td>4</td><td colspan="2">直达特快旅客列车</td><td>Z1－Z9998</td></tr>
</table>

续　表

序号	列车类别		车次范围
一	旅客列车		
7	其中	跨两局	2001 - 3998
		管内	4001 - 5998
	（2）普通旅客慢车		6001 - 7598
	其中	跨局	6001 - 6198
		管内	6201 - 7598
8	通勤列车		7601 - 8998
9	临时旅客列车		L1 - L9998
	其中	跨局	L1 - L6998
		管内	L701 - L9998
10	临时旅游列车		Y1 - Y998
	其中	跨局	Y1 - Y498
		管内	Y501 - Y998
11	动车组检测车		DJ5501 - DJ5598
12	回送出入厂客车底列车		001 - 00298
13	回送图定客车底		原车次前冠以“0”
14	因故折返旅客列车		原车次前冠以“F”
二	行包列车		
1	行邮特快专列		X1 - X198
2	行包快运专列		X201 - X998
三	货物列车		
1	货运“五定”班列		80001 - 81998
	（1）集装箱“五定”班列		80001 - 80998
	其中	跨局	80001 - 80498
		管内	80501 - 80998
	（2）普通货物“五定”班列		81001 - 81998

序号	列车类别		车次范围
三	货物列车		
1	其中	跨局	81001 - 81498
		管内	81501 - 81998
2	快运货物列车		82701 - 82798
3	煤炭直达列车		83001 - 83998
4	石油直达列车		84001 - 84998
5	始发直达列车		85001 - 85998
6	空车直达列车		86001 - 86998
7	技术直达列车		10001 - 19998
8	直通货物列车		20001 - 29998
9	区段货物列车		30001 - 39998
10	摘挂列车		40001 - 44998
11	小运转列车		45001 - 49998
12	超限货物列车		70001 - 70998
13	重载货物列车		71001 - 72998
14	冷藏列车		73001 - 74998
15	军用列车		90001 - 91998
16	自备车列车		60001 - 69998
四	单机和路用列车		
1	单机		50001 - 52998
	其中	客车单机	50001 - 50998
		货车单机	51001 - 51998
		小运转单机	52001 - 52998
2	补机		53001 - 54998
3	试运转列车		55001 - 55998
4	轻油动车、轨道车		56001 - 56998
5	路用列车		57001 - 57998
6	救援列车		58001 - 58998

三、列车的行车时刻

为贯彻行车工作的集中领导、统一指挥，全国列车的行车时刻标准必须统一。

全国铁路的行车时刻均以北京时间为标准，从零时起计算，实行 24 小时制。

铁路行车室内和办理行车工作的有关人员均应备有钟表。钟表的时刻应与铁路局调度所的时钟校对。时钟的安置、钟表的检查及修理由电务部门负责。钟表的校对、检查、修理办法由铁路局规定。

四、列车中车辆状态

列车是铁路完成运输任务的主要形式。为提高运输效率，保证列车运行的安全，列车必须在牵引重量、长度、车辆编成、技术条件等方面符合一定条件。

1. 禁止编入货物列车的车辆

编组列车时，对所编挂的车辆，在技术条件上必须符合规定标准，凡属于下列情况之一的车辆，禁止编入列车。

(1) 插有扣修、倒装色票的车辆及车体倾斜超过规定限度的车辆

货车插有“色票”是表示该车辆定检到期或技术状态不良，需要进行检修。

凡经检车人员检查确定，因技术状态不良或定检到期需要扣修的车辆，或重车因技术状态不良需倒装而进行摘车修理时，检车人员应在该车的表示牌框内，插上相应的色票。插有色票的车辆，一律不准使用。各种色票的插、撤，只能由列检人员进行，其他人员不得任意插撤。列检人员在插撤色票的同时，要向车站发出“车辆检修通知书”。车站应按通知书要求送往指定地点。

车辆定期检修标记指：厂修、段修、辅修、轴箱检查的标记。

摘车修标记：车辆发生临时故障需要从列车中摘下送站修所修理后，在车端板下方涂打“zJ”，年、月、日的标记。

车体倾斜，是指车辆一侧或一端倾斜。车体倾斜的原因很多，一般是由于车体结构松弛，弹簧衰弱或货物装载发生偏重、集重及超重等原因造成。车体倾斜可能使弹簧折断或车辆燃轴，若发现不及时则可能造成热切，致使车辆脱轨颠覆，造成严重损失。此外，车辆倾斜超过限度，也可能侵入限界与信号设备、建筑物或邻线机车车辆接触，危及行车安全。因此，客车倾斜超过 50mm，货车超过 75mm 者禁止编入列车。

(2) 曾经发生冲突、脱轨或曾编入发生特别重大、重大、大事故列车内以及在自然灾害中损坏，未经检查确认可以运行的车辆

这些车辆经过激烈冲撞，其主要部件、零件，如转向架、轮对、轴箱、车钩及车底架等可能存在隐患，如不经列检细致检查，并确定对行车无妨碍就编入列车，将严重威胁运行安全。

(3) 装载货物超出机车车辆限界，无挂运命令的车辆

一件货物装车后，在平直线路上停留时，货物的高度和宽度有任何部位超过机车车辆

限界或特定区段装载限界的，称为超限货物。

在平直线路上停留虽不超限，但行经半径为 300m 的曲线线路时，货物内侧或外侧的计算宽度（已经减去曲线水平加宽量 36mm）仍然超限的，亦为超限货物。

车站在挂运超限车以前，由车站值班员或车站调度员将批示命令号码、车种、车号、到站、超限等级等事项报告调度所，以便纳入日班计划。调度所在挂运超限车以前，将管内具体运行条件以调度命令下达有关站段，以便做好准备工作。发站、中转站的车站值班员应将调度命令交给列车乘务员。挂有超限车的列车，应按《车站行车工作细则》（以下简称《站细》）规定的线路通过。运行上有限速等限制条件的超限车辆，除有特别指示外，禁止编入直达、直通列车。

运转车长在接收超限车时，应严格检查超限车的加固状态，确认没有窜出检查线，方准挂运。遇运行途中发现异状时，应立即报告列车调度员，按其指示办理。

没有调度命令的超限车，禁止挂运。

（4）装载跨装货物的平车，无跨装特殊装置的车辆

一件货物的长度或重量不能容纳于一辆平车上，须用两辆平车共同负担载重时，称为跨装。

为使跨装货物的车辆能灵活地通过曲线，必须在车辆与货物之间使用特殊装置——转向架。同时，为了防止因车钩弹簧压缩、伸张而造成货物的窜动，在货物跨装的车辆与车辆之间还必须使用车钩缓冲停止器。若无特殊装置，列车通过曲线或坡道地段则可产生移动，从而引起不良后果。

（5）平车、砂石车及敞车装载货物违反装载和加固技术条件的车辆

货物装载和加固必须保证能经受正常调车作业及列车运行中的冲击，以保证货物在运输的全过程中，不致发生移动、滚动、倾覆、倒塌或坠落等情况。平、敞、砂石车装载的货物，必须符合《铁路货物运输规程》中“货车装载加固技术条件”的要求。如果货物装载偏重、上重下轻等，货物装车后，其总重心横向偏离车底板纵中心线的水平距离超过 100mm 时，为横向偏重；其总重心纵向偏移，使一个车辆转向架所承受的货物重量超过标记载重的 1/2，或两转向架承受的重量之差大于 10 吨时，为纵向偏重。横向偏重和纵向偏重统称为偏重。两者有时会同时发生。

货物装车后，车底架的工作应力超过其允许应力时，称为集重装载。确定集重货物，必须搞清支重面长度和负重面长度两个概念。支重面是指货物的底面，负重面是指车底板的顶面。支重面长度是指货物直接放于平面时，用来支撑本身重量那部分底面的长度，称为货物的支重面长度。负重面长度是对车辆而言，是指货车用来负担货物重量直接与货物支重面相接触的那部分车底板的长度。装载集重货物时，要符合《货车装载加固技术条件》的有关规定。

原木、粮食、棉花及其他包装物品等不按规定码放，加固的绳索、铁丝、支柱等不合规格或捆绑不牢等情况，在运行中可能经不起紧急制动及通过道岔、曲线、坡道而产生的纵向力和横向力作用，而使货物窜动、倒塌、坠落等，影响正常行车，危及行车安全。要特别注意金属制材的装载加固问题。金属制材材质坚硬、重量大、表面平滑；运输过程中极易移位，造成燃轴、脱线或颠覆，已酿成多次重大事故。为此，一定要把金属制材的防滑、装载、加固工作做好。使用敞车装载金属制材时，应遵循以下五个原则：

①货物的重量应合理分布在车底板上，不偏重。

②尽量在两台车上部，以心盘为中心均衡码放。

③对照最大容许载重表，防止集重。

④同一规格的型钢、管子，每垛应堆码整齐。各种型钢、管子合装一车时，应将重的装在下面，轻的装在上面，长的装在两侧，短的装在中间。

⑤铁底板车，应采取防滑衬垫。

(6) 未关闭端、侧板的（有特殊规定者除外）平车；未关闭侧开门、底开门的车辆以及底开门的扣铁未全部扣上的车辆

未关闭端、侧板或侧开门的车辆，在运行中侧板与侧开门可能掀动或摇晃，甚至超出机车车辆限界，威胁线路附近设备和人员的安全。一旦端、侧板或侧门脱落，还可能导致列车脱轨，甚至颠覆。底开门不关闭，容易刮坏道岔，甚至脱落。每一底开门为两个扣铁，如只用一个扣铁关闭底开门，经过震动底开门仍可能开放，使货物散落而引起车辆脱轨。

(7) 由于装载的货物需要停止自动制动机作用，而未停止的车辆

根据装载的货物性质（易燃、易爆）要求关闭自动制动机是考虑在列车制动时，防止车轮踏面与闸瓦摩擦发热，产生高温或迸发火星。特别是在长、大下坡道上，制动时间过长，闸瓦处于高热状态，如不停止自动制动机，对装有爆炸品或怕受高温的货物车辆，有可能引燃或引爆。所以必须停止自动制动机的作用。

(8) 厂矿企业自备机车、车辆、自轮运转特种设备过轨时，未经铁路机车车辆人员检查确认的车辆

企业自备机车车辆的技术标准，是由各企业根据本单位的作业特点而制定的标准，其维修、养护皆不如铁路严格。所以企业自备车过轨编入铁路列车运行时，须经铁路机车车辆部门鉴定，按铁路标准加以检查确认，才能保证安全。

(9) 缺少车门的（检查回送车除外）车辆

这里指的是车门，并非侧板、端板等。这种车辆不能保证安全，因此亦禁止编入列车。

2. 禁止编入旅客列车的车辆

(1) 超过定期检修期限的车辆（经车辆部门鉴定送厂、段施修的客车除外）。

（2）装载危险、恶臭货物的车辆。

3. 列车中连挂状态的确认

编成的列车需要确认机车车辆之间的连挂状态。

列车中相互连挂的车钩中心水平线的高度差（简称车钩的高度差）不得超过 75mm。这个高度差是由车钩中心线距轨面最高为 890mm，最低为 815mm，两者之差定出的。

测量两车钩中心水平线高度差的方法如图 1－2 所示。当两车钩中心线的高度差超过 75mm 时，必须查明原因，进行调整。无法调整时，应将该车摘下。

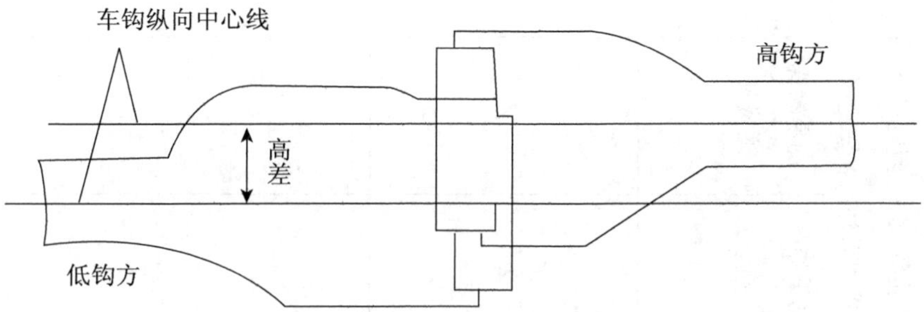

图 1－2 车钩中心水平线高度差示意

五、货物列车中车辆的编挂

1. 装载危险、易燃货物车辆的编挂

编组列车时，对装载危险、易燃货物等的车辆应按规定进行隔离，如表 1－2 所示。

隔离的作用，一是使易燃、易爆物品与火源隔离；二是发生意外时，能尽量减少或避免扩大损失。

表 1－2

铁路车辆编组隔离

货物种类（品名编号）		隔离标记	距牵引的内燃、电力机车，推进运行或后部补机及使用火炉的车辆	距乘坐旅客的车辆	距装载雷管及导爆索车辆（11001，11002，11007，11008）△7	除雷管及导爆索以外的爆炸品△8	距敞车、平车、装载的易燃普通货物	距装载高出车帮易窜动的货物	备注
气体	易燃气体（21001～21072） 非易燃无毒气体（22001～22069） 毒性气体（23001～23077）	△1	4	4	4	4	2	2	运输气体类危险货物重、空罐车时，每列编挂不得超过3组，每组不得超过6辆。每组间的隔离车不得少于10辆
一级易燃液体（31001～31085，31101～31302） 一级易燃固体（41001～41074） 一级易于自燃的物质（42001～42052） 一级氧化性物质（51001～51086） 有机过氧化物（52001～52123） 一级毒性物质（剧毒品）（61001～61204） 一级酸性腐蚀性物质（81001～81067，81101～81135）		△2	2	3	3	4	2		运输原油时，与机车及使用火炉的车辆可不隔离

表头斜线格内另印：隔离对象；最少隔离辆数；隔离标记；货物种类（品名编号）

续 表

隔离对象 / 最少隔离辆数 / 隔离标记 / 货物种类（品名编号）		隔离标记	距牵引的内燃、电力机车，推进运行或后部补机及使用火炉的车辆	距乘坐旅客的车辆	距装载雷管及导爆索车辆（11001，11002，11007，11008）△7	除雷管及导爆索以外的爆炸品△8	距敞车、平车、装载的易燃普通货物	距装载高出车帮易窜动的货物	备 注
一级碱性腐蚀性物质（82001～82041） 一级其他腐蚀性物质（83001～83029）									
放射性物质（矿石、矿砂除外）		△3	2	4	×	×	2	1	×标记表示不能编入同一列车
七〇七	一级	△4	4	4	4	4	4	2	一级与二级编入同一列车时，相互隔离2辆以上，停放车站时相互隔离10m以上，严禁明火靠近
	二级	△5	4	4	4	4	4	2	
敞、平车装载的易燃普通货物及敞车装载的散装硫黄		△6	2	2	2	2			装载未涂防火剂的腐朽木材的车辆，运行在规定的区段和季节须与牵引机车隔离10辆，如隔离有困

续 表

隔离对象 / 最少隔离辆数 / 隔离标记 / 货物种类(品名编号)		隔离标记	距牵引的内燃、电力机车，推进运行或后部补机及使用火炉的车辆	距乘坐旅客的车辆	距装载雷管及导爆索车辆(11001，11002，11007，11008) △7	除雷管及导爆索以外的爆炸品 △8	距敞车、平车、装载的易燃普通货物	距装载高出车帮易窜动的货物	备　注
									难时，各铁路局与邻局协商规定隔离办法
爆炸品	雷管及导爆索(11001，11002，11007，11008)	△7	4	4		4	2	2	
	除雷管及导爆索以外的爆炸品	△8	4	4	4		2	2	
活动物	禽、畜、鱼苗	△9							

注：1. 小运转列车及调车隔离规定，由铁路自行制定。

2. 有△蜂标记的车辆与装载蜜蜂的车辆运输时按有关规定办理。

3. 空罐车可不隔离(气体类危险货物除外)。

2. 轨道起重机、机械冷藏车的编挂

轨道起重机须有编挂的调度命令。凡符合运输条件的一律挂于列车中部或后部。

原因是其不起制动作用，重心高、车钩无缓冲装置、起重臂又横向摆动，走行部分不如货车，故回送轨道起重机，一律挂于列车中部或后部。

回送轨道起重机时，须由机务段（出厂时由承修厂）负责技术检查，填写轨道起重机回送状态鉴定书，向车站办理回送手续。轨道起重机回送限制速度按照《铁路技术管理规程》（以下简称《技规》）有关规定执行，《技规》规定以外的按设计文件要求速度回送。

机械冷藏车因有各种机械设备和管道，牢固性差，应尽量编于列车中部或后部 。

3. 关门车的编挂

"关门车"是指关闭制动支管上的截断塞门、排尽副风缸内的余风，本身失去制动力的车辆。包括因装载货物性质的要求需停止自动制动机作用，或因自动制动机临时发生故障的车辆。

为保证列车在实施制动时有足够的闸瓦压力，以确保列车在规定的制动距离内停车，列车中的机车和车辆的自动制动机均应加入全列车的制动系统。编挂关门车时，应满足货物列车每百吨列车重量闸瓦压力不低于铁道部规定的最低数值。

（1）关门车的编挂数量

货物列车中因装载的货物规定需停止制动作用的车辆、自动制动机临时发生故障的车辆，准许关闭截断塞门（简称关门车），但主要列检所所在站编组始发的列车中，不得有制动故障关门车。编入列车的关门车数不超过现车总辆数的6%（尾数不足一辆按四舍五入计算）时，可不计算每百吨列车重量的换算闸瓦压力，不填发制动效能证明书；超过6%时，按《技规》规定计算闸瓦压力，并填发制动效能证明书交与司机。制动效能证明书，在有列检所的车站，由列检人员负责计算；无列检所时，由铁路局指定部门办理。

（2）关门车编挂位置

为保证列车在紧急制动时，能确保列车及时发生紧急制动作用，对关门车的编挂位置也须严格限制：

①关门车不得挂于机车后部三辆车之内；

②列车中连续连挂不得超过两辆；

③列车最后一辆不得为关门车；

④列车最后第二、三辆不得连续关门。

列车能否形成紧急制动，取决于列车制动主管的减压速度。机车后部三辆车之内编挂关门车，虽然能通风，但进行紧急制动时，由于风管路长，不能产生或延迟紧急制动时间，从而延迟了紧急制动时间，进而延长了制动距离，容易发生危险；当列车制动时，在列车尚未停轮前，各车辆之间产生瞬间冲动、冲挤现象，关门车本身不制动，冲挤比较激烈，如关门车连续连挂过多，就很有可能因制动冲挤而造成脱轨、断钩、脱钩等事故，故连续连挂以两辆为限；列车最后一辆不得为关门车，列车最后第二、三辆不得连续关门，是为了保证一旦尾部车辆脱钩，脱钩车辆能够自动停车。

对于不适于连挂在列车中部但走行部良好的车辆，经列车调度员准许，可挂于列车后部，以1辆为限，如该车辆的自动制动机不起作用时，需由车辆人员采取安全措施，保证不致脱钩。

(3) 旅客列车不准编挂关门车

在运行途中如遇自动制动机临时故障，在停车时间内不能修复时，准许关闭一辆，但列车最后一辆不得为关门车。

六、旅客列车中货车的加挂

1. 旅客列车编组

旅客列车按旅客列车编组表规定的车种、辆数、编挂位置编组。编组内容主要有：软卧、硬卧、餐车、软座、硬座、行李车、邮政车、发电车等。

2. 旅客列车加挂货车

为保证旅客旅行的安全和舒适，在旅客列车中加挂货车时必须遵守下列规定：

(1) 特快旅客列车不准编挂货车，编入的客车车辆最高运行速度等级必须符合该列车规定的速度要求。

(2) 其他旅客列车原则上不准编挂货车，在特殊情况下，局管内旅客列车经铁路局准许，跨局的旅客列车经铁道部准许，方可在列车后部加挂，但不得超过两辆。加挂货车的技术状态和最高运行速度，须符合该列车规定速度要求。

做出上述规定的主要原因是旅客列车运行速度高，技术要求严，牵引重量也小。而货车构造速度较客车低，如加挂货车时，势必减少客车编挂辆数，从而影响旅客运输。若不减挂客车，势必影响旅客列车的运行速度；而且货车一般是单式闸瓦，与客车的复式闸瓦相比，制动力小。为此，旅客列车加挂货车，会使全列车制动力减弱，不但降低规定的运行速度，在列车制动时还会引起冲撞。为保证旅客列车的安全、正点，规定特快旅客列车不准编挂货车，其他旅客列车原则上不准编挂货车。

在特殊情况下，如装运抢险、救急、救灾、鲜活易腐等物资车辆，必须由旅客列车挂运时，局管内旅客列车应经铁路局准许，跨局的旅客列车经铁道部准许，方可加挂，但不得超过两辆。虽在局管内甩挂，而挂运于跨局旅客列车的货车，也应经铁道部准许。因为一旦发生列车晚点或特殊情况，将影响其他铁路局。

旅客列车上加挂的货车，必须挂于列车尾部，以免因货车挂在前部而增加旅客列车长度，使后部车辆不能靠近站台，而影响旅客乘降和行包、邮件的装卸。

七、工作机车的编挂

工作机车是指担任牵引列车的机车，包括本务机车及补助机车。工作机车编入列车时应遵守下列规定：

（1）工作机车应挂于列车头部，正向运行（牵引小运转、路用、救援列车的机车除外）；无转向设备的，可逆向运行。

为保证工作机车的司机瞭望信号、标志和线路状况，保证行车安全，充分发挥机车最大牵引效能，规定工作机车应挂于列车头部，原则上正向运行。

调车机车及小运转、市郊、路用列车的牵引机车，由于路程短、牵引定数少、运行速度低，可以逆向运行。对某些区段列车，如其终到站没有转向设备者，也可逆向运行。

（2）双机或多机牵引时，本务机车的职务由第一位机车担当。

为增加全区段牵引重量，提高本区段通过能力或适应全线的牵引定数，可使用双机或多机牵引列车。双机牵引时，两台机车应重联挂于列车头部，本务机车的职务由第一位机车担当，第二位机车应根据第一位机车的要求进行操纵。对于两台机车不是同一类型时，应将空气压缩机功率大的机车挂于头部。

（3）补机原则上应挂于本务机车的前位或次位，在特殊区段或需途中返回时，经铁路局批准，可挂于列车后部，如后部补机不接制动软管时，由铁路局规定保证安全办法。

在个别线路纵断面困难的区间，为了不降低区段列车牵引重量，可以加挂补机。补机应挂于本务机车的前位或次位，便于联系、配合，防止发生挤坏车辆或拉断车钩。对于在中间站摘下的补机，为便于作业，补机最好挂于本务机车前面，此时，由补机担任本务机职务。在特殊区段（如受桥梁负重的影响）或补机需中途返回时，经路局批准，可挂于列车后部，但应连接制动软管；如不连接制动软管，由铁路局规定安全措施。对于临时加挂由区间返回后部补机的列车，须按列车调度员发布的调度命令办理。

八、单机挂车

1. 单机

单机是指未挂车辆而在线路上运行的机车。

单机挂车是指掌握机车运用的调度人员，为利用机车动力、加速车辆周转，利用顺路单机连挂车辆的一种作业。考虑到单机在防护、瞭望、交接等方面存在诸多不便，同时还要照顾单机运转时分，油脂、水的消耗及机车运用情况等因素，所以，对单机挂车应严格限制。

单机挂车的辆数，线路坡度不超过12‰的区段，以10辆为限；超过12‰的区段，由铁路局规定。

2. 单机挂车规定

单机挂车时，应遵守下列规定：

（1）所挂车辆的自动制动机作用必须良好，发车前列检（无列检时由车站发车人员）按规定进行制动试验；

（2）连挂前由车站彻底检查货物装载状态，并将列车编组顺序表和货运单据交与司机；

（3）在区间被迫停车后的防护工作由机车乘务组负责，开车前应确认附挂辆数和通风状态是否良好；

（4）列车调度员应严格掌握，不得影响机车固定交路和乘务员劳动时间；

（5）不准挂装载爆炸品、超限货物的车辆。

单机挂车时，可不挂列尾装置。

【任务实施与评价】

1. 下发任务单，明确任务内容及考核方式，学生课前按要求完成预习任务；
2. 教师讲解理论知识点，学生分组讨论任务，确定任务实施方式和人员分工；
3. 通过角色扮演的方式完成任务情景模拟；
4. 教师和各组长担当本次任务的他人评价工作，在角色问答中评判同学们任务完成情况。

技能检测

1. 什么是列车？
2. 列车如何分类？
3. 列车运行方向及车次如何辨别？
4. 列车运行状态需识别哪些方面？
5. 完成任务书。

学习任务 2　车站认知

任务描述

车站是实现铁路运输的基层单位，是完成接发列车作业的场所。本次任务需要你作为一名车站值班员能面对不同车站的设备及作业特征，独立判定车站的特点，包括明确车站衔接方向、车站种类、车站作业特征、确定作业设备，判定设备的运用条件等，并能依据规章规定条理清晰地说明你的理由。具体任务见任务单所示。

任　务　单

1. 如图 1－3 所示，某站衔接区间为半自动闭塞区间，请判断该站的种类、运行方向、道岔编号，线路种类及作业特征。

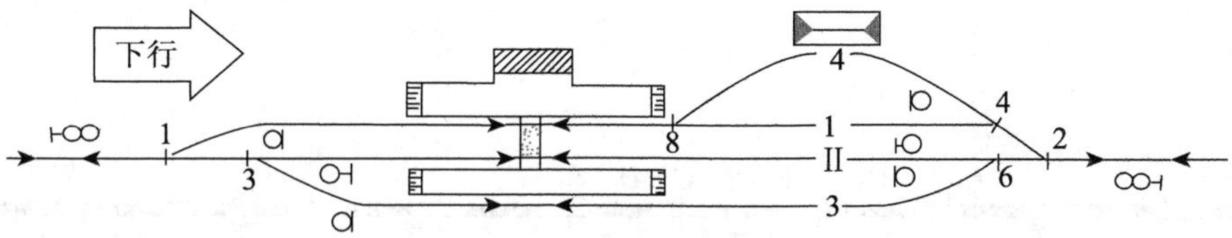

图 1－3　单线铁路中间站的布置

2. 如图 1－4 所示，某站衔接区间为自动闭塞区间，请判断该站的种类、运行方向、道岔编号，线路种类及作业特征。

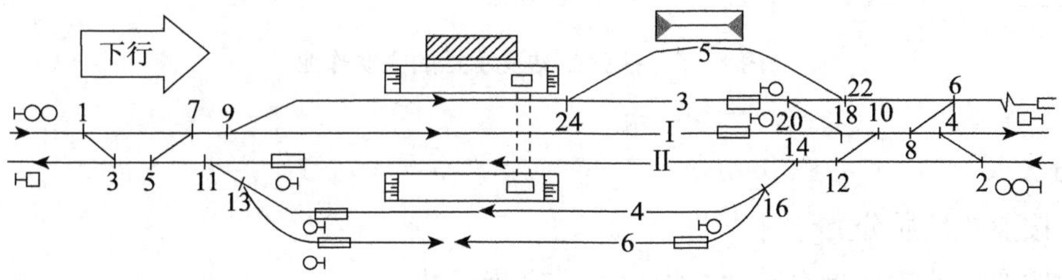

图 1－4　双线铁路中间站的布置

知识准备

一、车站定义、作用及分类

1. 定义

车站是铁路线上设有配线的分界点，办理列车的到、发、通过、会让及越行，通常还办理客货运输业务。

2. 作用

车站在铁路运输过程中主要有以下作用：

（1）车站是铁路运输业的基层生产单位，拥有铁路线路、站场、通信、信号等技术设备和行车、客运、货运、装卸等方面的工作人员。

(2) 车站是办理客货运输的始发、中转和终到作业的地点，是铁路与运输有关的行车、客运、货运、机务、工务、电务、供电等部门协调进行生产活动的场所。

(3) 车站将铁路线路划分为若干个区段和区间。例如，图 1-5 中的甲、乙、丙站，将该铁路线路划分为甲—乙和乙—丙区段；A、B、C、D 等站，将甲—乙区段划分为 A—B、B—C、C—D 等区间。

(4) 车站在贯彻党的方针政策、执行铁路规章制度，合理利用现有技术设备，不断改进工作方法，保证客货运输安全，提高运输效率，完成铁路运输任务等方面均有重要作用。

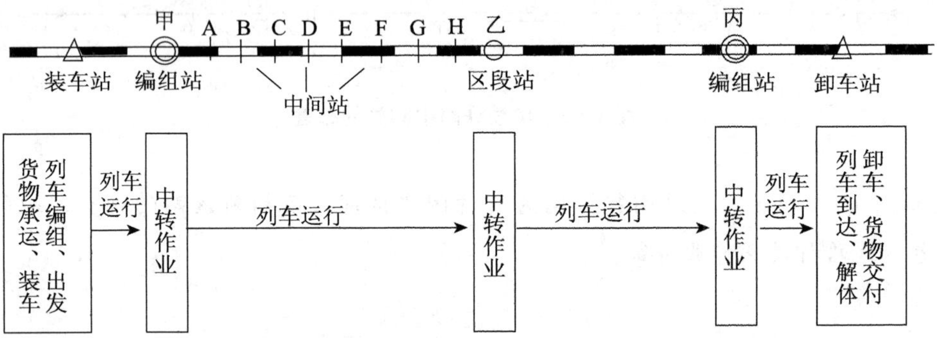

图 1-5　铁路车站及承担的主要作业

3. 分类

(1) 按业务性质分类

车站按业务性质分为客运站、货运站、客货运站。

专门为办理旅客运输而设的车站称为客运站。客运站通常设在大城市或旅游胜地等有大量旅客到发的地点，主要担当旅客列车的始发、终到作业，并为旅客提供旅行服务的业务。

专门为办理货物运输而设的车站称为货运站。货运站一般设在大城市、工矿地区和港口等有大量货物装卸的地点，主要担当货物列车的始发、终到作业以及与货运有关的业务。

既办理客运业务也办理货运业务的车站称为客货运站。铁路网上绝大多数的车站都属于客货运站。

(2) 按技术作业分类

车站按技术作业分为编组站、区段站、中间站。编组站和区段站统称为技术站。

担当大量中转车流改编作业，编组直达、直通和其他列车的车站称为编组站。编组站通常设在大量车流集中或消失的地点或几条铁路线的交叉点。

设于划分货物列车牵引区段的分界处或区段车流的集散地点，一般只改编区段到发车流，解体与编组区段、摘挂列车的车站，称为区段站。区段站一般还进行更换货运机车或乘务员，对货物列车中的车辆进行技术检修和货运检查整理作业。

一般设在技术站之间的区段内，办理列车接发、会让和通过作业，摘挂列车的调车和装卸作业的车站，称为中间站，如图 1－5 中的 A、B、C、D 等车站。

此外，车站还可以按其他一些特征加以区分。例如，承担货物装车作业的称为装车站，承担货物卸车作业的称为卸车站；位于两铁路局管辖分界处的车站，称为分界站；位于海河港湾地区的车站，称为港湾站等。

（3）按车站分等分类

车站按其担负客货运量和技术作业量的大小以及在政治、经济和铁路网上所处的地位，划分为特等站和一、二、三、四、五等站。

二、车站作业特征

中间站、区段站、编组站在铁路网上所处的位置不同，它们所担当的作业量和配置的设备也就不同。

1. 中间站

中间站是铁路网上数量最多的车站，除办理客运、货运业务外，主要还办理以下行车作业：

（1）接发列车是中间站最主要的行车工作，包括接车、发车和通过列车作业。

（2）摘挂车辆及向货物装卸地点取送车辆的调车作业。某些装卸作业量大或干支线衔接的中间站，还办理一些列车的解编调车作业。

（3）其他作业。例如，位于长大上下坡道前的中间站，对车辆自动制动机进行持续一定时间的全部试验、凉闸或更换闸瓦；使用补机地段两端的中间站，还要办理补机的摘挂作业等。

中间站的设备视其作业内容和工作量的大小而定，一般有以下客运、货运和行车设备：

（1）站线，包括列车到发线和货物装卸线，调车作业量较大的中间站还有调车线和牵出线。

（2）客运设备，包括旅客站舍（售票房、候车室、行包房）、旅客站台。旅客到发较多的中间站还有雨棚和跨越设备（天桥、地下通道）等。

（3）货运设备，包括货物仓库、站台和货运室等。

（4）其他设备，包括信号、联锁、闭塞、通信、照明设备和装卸机具等；电气化铁道的中间站还有牵引供电设备。

单线、双线铁路中间站的布置图，如图 1－3、图 1－4 所示。

2. 区段站

区段站设在机车牵引区段的分界处，除办理客货运业务外，主要办理以下行车（运转）作业：

（1）接车和发车作业。区段站一般不办理货物列车通过作业。

（2）中转列车作业。这是区段站的主要行车工作。为保证列车继续运行的安全和货物完整，货物列车要在区段站进行更换机车、检查车辆技术状态和货物装载情况等中转列车作业。

（3）区段列车、摘挂列车到达、解体、编组与出发作业。

（4）向货物装卸地点取送车辆的调车作业。

区段站除有中间站的全部设备外，还有以下主要技术设备：

（1）运转设备，包括列车到发场、调车场、牵出线或简易驼峰。

（2）机务设备，包括机务段或折返段内的机车检修与整备设备、站内的机车走行线和机待线等。

（3）车辆设备，包括车辆段或列车检修所、站修线和制动检修设备。单线横列式区段站布置图，如图 1－6 所示。

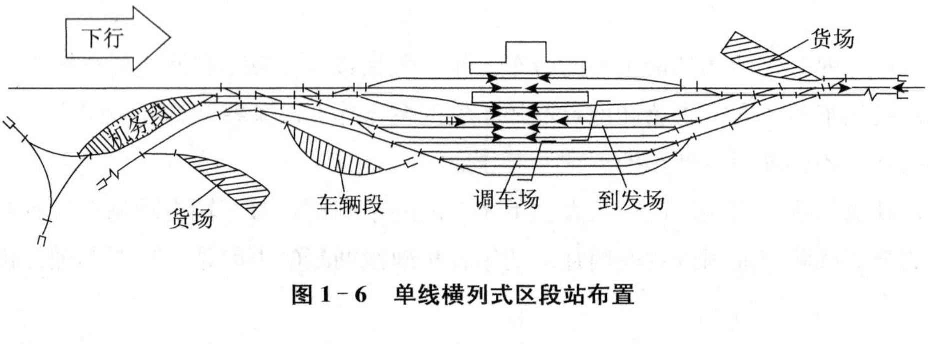

图 1－6　单线横列式区段站布置

3. 编组站

编组站除办理区段站的全部作业外，其主要行车工作是解体和编组列车。

编组站拥有比区段站数量更多、规模更大的列车到发场（包括到达场、出发场、到发场），具有线路更多的调车场，采用驼峰调车（机械化驼峰、半自动化或自动化驼峰），一般都设有机务段和车辆段，如图 1－7 所示。

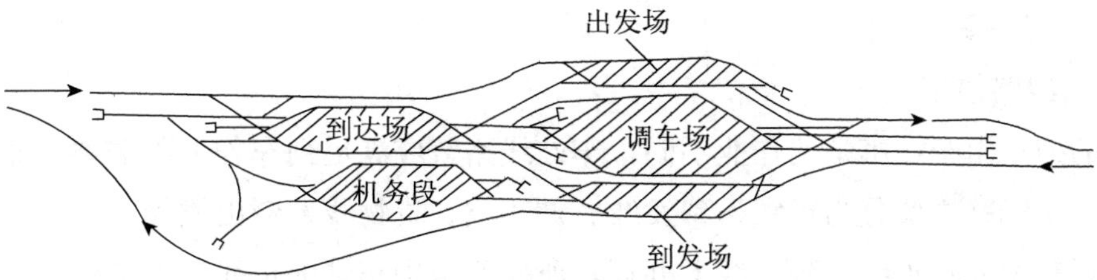

图 1－7　双向二级四场编组站布置

三、车站各种设备识别

(一) 车站衔接方向

列车在车站进出，车站的衔接方向对列车的运行方向起着重要的作用。车站的衔接方向与列车运行方向相同。只是由于在铁路线上的所处位置不同，车站衔接方向不同。

有的车站位于某条线路的尽头处，其衔接的车站可能只有一个，如图 1－8 中 A 站所示，A 站衔接 B 站，只能接来自 B 站的下行列车，只能发去往 B 站的上行列车。

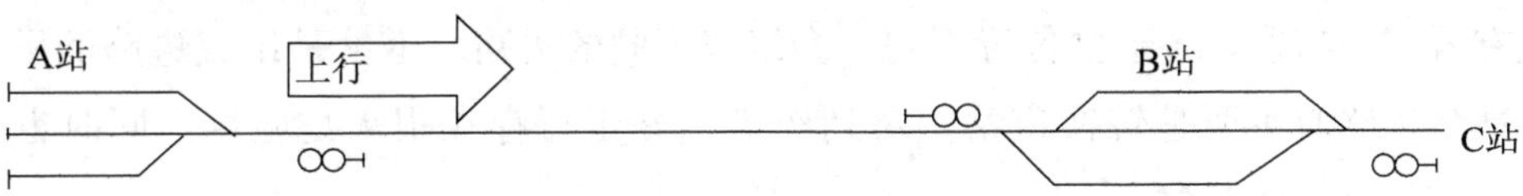

图 1－8　单个车站衔接方向

有的车站位于某条线路的中间位置，其衔接的车站可能有 2 个，如图 1－8 中 B 站所示，B 站既衔接 A 站，又衔接 C 站。既接来自 A 站的上行列车，又要接来自 C 站的下行列车；既发去往 C 站的上行列车，又要发去往 A 站的下行列车。

有的车站位于某几条线路的衔接位置，其衔接的车站可能有三个及以上，如图 1－9 中 F 站所示，F 站既衔接 E、G、J 三站。既接来自 E 站的下行列车，又要接来自 G、F 站的上行列车；既发去往 E 站的上行列车，又要发去往 G、F 站的下行列车。

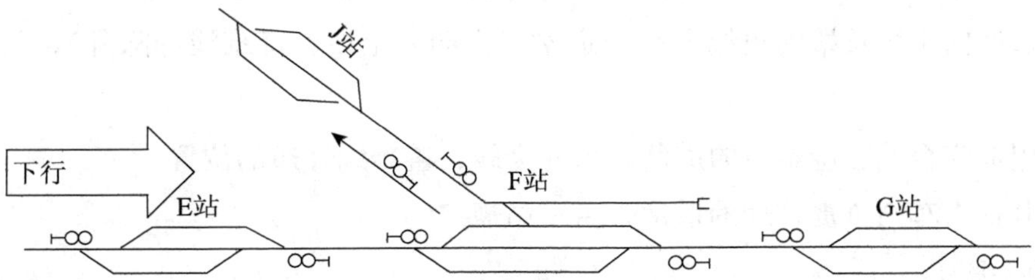

图 1－9　多个车站衔接方向

（二）车站线路

1. 车站线路使用

不同的列车由于在车站的作业不同，车站线路就应满足列车作业的需要。根据车站作业用途，车站线路主要分为正线、到发线、调车线、货物线、牵出线等。

接发列车主要在正线、到发线上办理，所以要识别车站的正线及到发线。

正线是指连接车站并贯穿或直股伸入车站的线路，主要用于列车通过。到发线与正线衔接，用于接发在车站停留的列车。

2. 股道编号

单线区段内的车站，从靠近站舍的线路起，向远离站舍方向顺序编号；双线区段内的车站，从正线起顺序编号，上行为双号，下行为单号；尽头式车站，向终点方向由左侧开始顺序编号，如站舍位于线路一侧时，从靠近站舍的线路起，向远离站舍方向顺序编号。

正线通常用罗马数字，其他线路用阿拉伯数字编号。

（三）道岔

1. 作用

道岔是轨道的重要组成部分，当列车经过道岔时，引导车轮进入不同的股道。车站一端咽喉有若干个道岔，各道岔位置不同，会组成不同的进路。道岔是组成进路的重要组成部分，准备进路时主要是转换道岔，对列车进出站走行存在很大危险性，同时也会造成进、出站信号机不能开放。

2. 道岔位置

道岔有定位和反位两个位置。定位是指道岔经常开通的位置，在 6502 电气集中联锁设备控制台上，道岔表示灯亮绿灯表示道岔开通定位；反位是排列进路时临时改变的位置，在 6502 电气集中联锁设备控制台上，道岔表示灯亮黄灯表示道岔开通反位。道岔除使用、清扫、检查或修理时外，经常保持的位置为定位。在计算机联锁设备控制台上，道岔按钮呈绿色表示道岔开口位置为定位，道岔按钮呈黄色表示道岔开口位置为反位。

3. 确定道岔定位的原则

（1）单线车站正线上的进站道岔，为由车站两端向不同线路开通的位置。

（2）双线车站正线上的进站道岔，为向各该正线开通的位置。

（3）区间内正线及站内正线上其他道岔（引向安全线、避难线的除外），为正线开通的位置。

（4）引向安全线、避难线的道岔，为安全线、避难线开通的位置。

（5）其他由车站负责管理的道岔，由车站规定。

4. 道岔编号

车站内的道岔及股道，应由工务部门会同电务部门、车站共同统一顺序编号。

道岔编号，从列车到达方向起顺序编号，上行为双号，下行为单号；尽头线上，向线路终点方向顺序编号。车站划分车场时，每个车场的道岔单独编号。一个车站不准有相同的编号。

5. 道岔的操纵方式

（1）集中操纵：设备正常运行时，操作人员按压控制台上的有关进路始终端按钮，有关道岔能自动转换到该进路开通位置。

（2）单独操纵：接车进路上某一段轨道电路故障（故障区段道岔不需转换）建立接车进路时，其他道岔需单独操纵至所需位置。

操纵某道岔至定位——同时按下该道岔按钮和本咽喉的道岔总定位按钮（上方绿灯亮）；操纵某道岔至反位——同时按下该道岔按钮和本咽喉的道岔总反位按钮（上方黄灯亮）。

（3）手摇方式：停电、转辙机故障以及接发车进路范围内轨道电路故障，而且故障区段道岔需要转换时，只能使用手摇方式转换道岔。

方法：工作人员登记后到现场确认道岔后，先用钥匙打开转辙机盖，露出摇把插孔，将摇把插入插孔，摇动转辙机至所需位置，现场手摇或扳动道岔并加锁后双人确认。

6. 列车侧向过岔速度限制

（1）30 号的单开道岔，侧向通过客运列车，允许通过速度为 140km/h，侧向通过货运列车，允许通过速度为 80km/h。

（2）18 号的单开道岔，导曲线半径大于或等于 860m，侧向允许通过列车速度为 80km/h；导曲线半径为 800m，侧向允许通过列车速度为 75km/h。

（3）12 号的单开道岔，导曲线半径为 350m，侧向允许通过列车速度为 50km/h；75kg/m 钢轨的 12 号道岔侧向允许通过货运列车速度为 45km/h；导曲线半径为 330m，侧向允许通过列车速度为 45km/h；12 号的交分道岔，导曲线半径为 380m，侧向允许通过列车速度为 45km/h。

（4）9 号的单开道岔，导曲线半径在 180～190m，侧向允许通过列车速度为 30km/h；导曲线半径为 800m，侧向允许通过列车速度为 75km/h；9 号的对称道岔，导曲线半径为 355m，侧向允许通过列车速度为 50km/h；9 号的交分道岔，导曲线半径为 220m，侧向允许通过列车速度为 30km/h。

（四）信号机

铁路信号是对行车人员和与行车有关人员发出的指示列车运行和调车工作的命令，行车人员必须按照信号的指示办事。列车要按照信号机的显示运行，车站上通常会设置进站、出站、进路、调车、驼峰信号机等，另外还需设置发车表示器、调车表示器、进路表示器及道岔表示器等各种信号表示器。区间通常会设置线路所通过信号机、自动闭塞通过信号机、预告（接近）信号机等。在此只涉及与接发列车有关的信号机及表示器。

信号机有关闭和开放两种状态。将信号机经常保持的显示状态作为信号机的定位。信号机定位的确定，一般是考虑保证行车安全，提高运输效率或信号显示自动化等因素。进站、出站信号机对行车安全起着极其重要的作用，规定以显示停车信号——红灯为定位。预告信号机是附属于主体信号机的，仅能表示主体信号机的显示状态，故以显示注意信号——黄灯为定位。

自动闭塞的每架通过信号机，都是其运行前方信号机的预告信号机。为提高区间通过力，保证列车经常在绿灯下运行，规定通过信号机以显示绿灯为定位。进站信号机前方第一架通过信号机兼有预告信号机的作用，故以显示黄灯为定位。

1. 进站信号机

进站信号机的作用是防护车站、指示进站列车的运行条件，保证接车进路的正确和安全可靠，完成有关的联锁任务。所以，凡车站的列车入口处都必须装设进站信号机。

进站信号机采用黄、绿、红、黄、月白五个灯位的色灯信号机。进站信号机的红色灯光指示列车停车，不得越过该信号机；绿色灯光指示列车按规定速度经车站道岔直向位置由正线通过；一个黄色灯光，指示列车进正线准备停车；两个黄色灯光同时点亮，指示列车进侧线准备停车；同时点亮绿灯和第二黄灯，表示可进站内正线准备停车，而运行前方接车进路信号机已经开放。（在四显示自动闭塞区段，出站信号机显示黄灯时，进站信号机可显示绿黄灯；出站信号机显示绿黄灯，进站信号机才能显示绿灯）；红灯和月白灯同时点亮，表示引导信号开放，列车应以不超过 20km/h 的速度引导进站。

进站信号机应尽量避免装设在停车后启动困难的上坡道上。规定安装在距最外方进站道岔尖轨尖端（顺向为警冲标）不少于 50m 的地方。这是为了满足调车作业的需要，即一台机车挂一、二辆车辆转线时不致越出进站信号机。经常利用正线进行调车作业的车站，可适当延长进站信号机与最外方进站道岔岔尖（或警冲标）之间的距离，但不宜超过 400m。

进站信号机按运行方向编号，上行用 S，下行用 X。若同一咽喉有几个方向的线路接入车站，则在 S 或 X 的右下角缀以该信号机所属区间线路名称的拼音字头，如东郊方面的进站信号机表示为 X_D。若在同一方向有几条线路引入，出现并置的进站信号机时，则应加缀区间线路名称或顺序号。如山海关方面的上行进站信号机表示为 S_{S2}、S_{S4}，北京方面的下行进站信号机表示为 X_{B1}、X_{B2}。（上行用双数，下行用单数）。

（1）三显示自动闭塞区段显示意义

一个绿色灯光——准许列车按规定速度经正线通过车站，表示出站及进路信号机在开放状态，进路上的道岔均开通直向位置；

一个黄色灯光——准许列车经道岔直向位置，进入站内正线准备停车；

两个黄色灯光——准许列车经道岔侧向位置，进入站内准备停车；

一个黄色闪光和一个黄色灯光——准许列车经过 18 号及其以上道岔侧向位置，进入站内越过次一架已经开放的信号机，且该信号机防护的进路，经道岔的直向位置或 18 号及其以上道岔的侧向位置；

一个红色灯光——不准列车越过该信号机；

一个绿色灯光和一个黄色灯光——准许列车经道岔直向位置，进入站内越过次一架已经开放的接车进路信号机准备停车。

(2) 四显示自动闭塞区段显示意义

一个绿色灯光——准许列车按规定速度经道岔直向位置进入或通过车站，表示运行前方至少有三个闭塞分区空闲；

一个黄色灯光——准许列车按限速要求越过该信号机，经道岔直向位置进入站内正线准备停车；

两个黄色灯光——准许列车按限速要求越过该信号机，经道岔侧向位置进入站内准备停车；

一个黄色闪光和一个黄色灯光——准许列车经过 18 号及其以上道岔侧向位置，进入站内越过次一架已经开放的信号机，且该信号机所防护的进路，经道岔的直向位置或 18 号及其以上道岔的侧向位置；

一个红色灯光——不准列车越过该信号机；

一个绿色灯光和一个黄色灯光——准许列车按规定速度越过该信号机，经道岔直向位置进入站内，表示次一架信号机已经开放一个黄灯。

2. 引导信号

一个红色灯光及一个月白色灯光——准许列车在该信号机前方不停车，以不超过 20 km/h 速度进站或通过接车进路，并须准备随时停车。

3. 出站信号机

出站信号机的作用是防护区间，作为列车占用区间的凭证，指示列车可否进入区间；指示列车在站内的停车位置。

出站信号机的灯光配列有不同的情况：在半自动闭塞区段，为红、绿、月白三种显示。在自动闭塞区段，增设一个黄灯。在有两个方向出口的车站，则设两个绿灯。在有两个以上出口的车站，则由装设在信号机构下方的进路表示器来指示发车方向（两方向出口亦可不设第二绿灯而用进路表示器）。在双线双向自动闭塞区段，出站信号机下方亦设一进路表示器，以满足反方向发车的需要。

绿灯和黄灯显示与区间闭塞方式有关：在半自动闭塞区段，一个绿灯点亮，指示区间已开通；两个绿灯同时点亮，是在有两个方向出口的车站，指示列车开往次要线路。在三显示自动闭塞区段，单向运行时，绿灯点亮，表示运行前方至少有两个闭塞分区空闲；黄灯点亮，表示运行前方只有一个闭塞分区空闲；双向运行时，若反方向按自动闭塞方式行车，绿灯或黄灯与进路表示器白灯同时点亮；若反方向按站间闭塞方式行车，仅有绿灯和白灯同时点亮，黄灯不用。在四显示自动闭塞区段，绿灯点亮表示运行前方至少有三个闭塞分区空闲，绿灯和黄灯同时点亮表示运行前方有两个闭塞分区空闲，黄灯点亮表示运行前方只有一个闭塞分区空闲。在有两个及以上方向出口的车站，绿灯（或黄灯）和相应的进路表示器白灯同时点亮，指示准许列车向相应方向发车。月白灯点亮，为指示准许调车。

出站信号机的设置应尽量不影响股道有效长，设在每一发车线警冲标内方（对向道岔为尖轨尖端外方）3.5～4m 处，这是因为列车或调车车列占用轨道电路时，其最后车辆的尾部不能侵入警冲标外方，否则将可能发生侧面冲突，因车轮至车钩的距离不大于 3.5m。调车场内编发线上，根据作业需要，可设置线群出站信号机。当信号开放后，为指示某线路上的列车出发，防止邻线上的列车误认信号，所以规定在每条线路的警冲标内方适当地点装设线路表示器。

出站信号机的编号也按运行方向，上行用 S，下行用 X，在文字右下角缀以股道号，如 $S_{Ⅱ}$、X_3。

线群出站信号机需加缀所属线群的股道号，如 $S_{5\sim7}$。当有数个车场时，则先加车场号，再在右下角缀以股道号，如 $S_{Ⅰ2}$、$X_{Ⅱ3}$。

（1）三显示自动闭塞区段显示意义

一个绿色灯光——准许列车由车站出发，表示运行前方至少有两个闭塞分区空闲；

一个黄色灯光——准许列车由车站出发，表示运行前方有一个闭塞分区空闲；

一个红色灯光——不准列车越过该信号机；

两个绿色灯光——准许列车由车站出发，开往半自动闭塞区间。

（2）四显示自动闭塞区段显示意义

一个绿色灯光——准许列车由车站出发，表示运行前方至少有三个闭塞分区空闲；

一个绿色灯光和一个黄色灯光——准许列车由车站出发，表示运行前方有两个闭塞分区空闲；

一个黄色灯光——准许列车由车站出发，表示运行前方有一个闭塞分区空闲；

一个红色灯光——不准列车越过该信号机；

两个绿色灯光——准许列车由车站出发，开往半自动闭塞区段。

4. 进路信号机

有几个车场的车站，为指示列车由一个车场开往另一个车场，应设进路信号机。进路信号机按用途可分为：

接车进路信号机——用以对到达列车指示运行条件；发车进路信号机——用以对出发列车指示运行条件；接发车进路信号机——用以对到达列车及出发列车指示运行条件。

当同一信号机具有多种意义兼有多种作用时，应称其全名，如"出站兼接发车进路信号机"。在车场前或引向不同车场的分歧道岔前的信号机为接车进路信号机，如图 1－10 中的 XL。

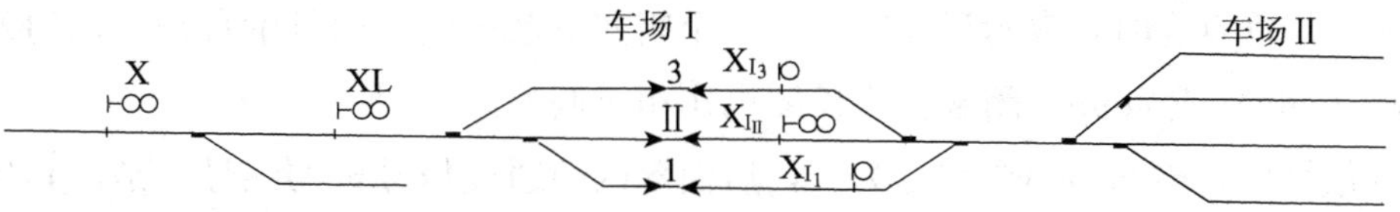

图 1－10　进路信号机

当为纵列式车场时，一个车场的前方衔接另一车场或线路，则该车场正线上的信号机为接发车进路信号机，如 $X_{ⅠⅡ}$。在到发线上的信号机均为发车进路信号机，如 $X_{Ⅰ1}$、$X_{Ⅰ3}$。站内正线上具有通过性质的信号机亦应按接发车进路信号机设置和命名。

接车进路信号机的灯光配列基本上同进站信号机，均应装设引导信号。但接车进路信号机一般兼作调车信号机，这与进站信号机不同。接车进路信号机的显示意义基本上与进站信号机相同。发车进路信号机的灯光配列与出站信号机相似，根据需要可装设进路表示器，以区分进路方向。发车进路信号机的显示与出站信号机的显示有联系。

进路信号机的编号，接车进路信号机上行用 SL，下行用 XL。当有并置或连续的接车进路信号机时，再缀以顺序号，S_{L2}；S_{L4} · X_{L1}，X_{L3}。发车进路信号机，上行用 S，下行用 X，在文字右下角先加车场号，再缀以股道号。如Ⅰ场上行 1 股道发车进路信号机表示为 $S_{Ⅰ1}$，Ⅱ场的下行 2 股道发车进路信号机表示为 $X_{Ⅱ2}$。

5. 通过信号机

在自动闭塞区段，通过信号机设于区间信号点，指示列车能否占用运行前方闭塞分区。在非自动闭塞区段的线路所，也设通过信号机，用以指示列车能否占用运行前方的所间区间。

三显示自动闭塞区段的通过信号机采用三显示机构，自上而下是黄、绿、红灯。

当货物列车在设于上坡道上的通过信号机前停车后启动困难时，该信号机上应装设容许信号。当容许灯光熄灭，司机能在确认该通过信号机上装有容许信号时，仍可按规定 20 km/h 的限速通过该信号机。进站信号机前方第一架通过信号机不得安装容许信号，因已接近车站，列车在站外停车的可能较多，如允许续行列车通过该信号机容易发生追尾。

区间通过信号机设在闭塞分区分界处。三显示自动闭塞一般按两列列车间隔三个闭塞分区运行，以使续行列车始终在绿灯下运行，不会被限速，从而改善司机的驾驶条件、提高区间通过能力和运输效率。在采用 8min 最小列车运行间隔时间的情况下，闭塞分区长度一般不小于1000～1200m。

在列车速度和行车密度不断提高的情况下，各种列车的运行速度和制动距离相差很大，三显示自动闭塞难以满足运营要求，于是出现了四显示自动闭塞。四显示自动闭塞是在三显示自动闭塞的基础上增加绿黄显示，能预告列车运行前方三个闭塞分区的状态。信号机构仍采用三显示，自上至下依次是绿、红、黄。绿灯和黄灯同时点亮，表示运行前方有两个闭塞分区空闲，这是速度较高的列车越过该信号机后必须减速，而速度较低的列车可不减速。绿灯点亮时，表示运行前方有三个闭塞分区空闲。四显示自动闭塞的列车追踪运行时隔在6min或7min，闭塞分区长度也作相应调整。

通过信号机名称的第一个字母为T，后面缀区间通过信号机的编号，是以其坐标公里数和百米数组成的，下行方向编为奇数，上行方向编为偶数。例如在100km＋350m处并置的通过信号机，下行方向的编号为T1003，上行方向的编号为T1004。

设于线路所的通过信号机，具有进站和出站信号机的双重性质，即兼起指示接车和发车双重作用。统一采用进站信号机的机构形式，其显示按进站信号机处理。若线路所设有分歧道岔，在通过道岔侧向运行时，防护该道岔的通过信号机显示双黄灯。在自动闭塞区段的线路所，其通过信号机应视为绝对信号，当其显示红灯时，不许列车越过。该通过信号机不允许办理引导接车，引导机构应予以封闭。

通过信号机显示意义大致与出站信号机相同，但自动闭塞通过信号机的红灯显示意义为：

一个红灯——表示列车应在该信号机前停车。

《技规》第251条　自动闭塞区间通过信号机显示停车信号（包括显示不明或灯光熄灭）时，列车必须在该信号机前停车，司机应使用列车无线调度通信设备通知运转车长（无运转车长为车辆乘务员），通知不到时，鸣笛一长声。停车等候2min，该信号机仍未显示进行的信号时，即以遇到阻碍能随时停车的速度继续运行，最高不超过20km/h，运行到次一通过信号机，按其显示的要求运行。在停车等候同时，与车站值班员、列车调度员、前行列车司机联系，如确认前方闭塞分区内有列车时，不得进入。

装有容许信号的通过信号机，显示停车信号时，准许铁路局规定停车后启动困难的货物列车，在该信号机前不停车，按上述速度通过。当容许信号灯光熄灭或容许信号和通过信号机灯光都熄灭时，司机在确认信号机装有容许信号时，仍按上述速度通过该信号机。

装有连续式机车信号的列车，遇通过信号机灯光熄灭，而机车信号显示进行的信号时，应按机车信号的显示运行。

司机发现通过信号机故障时，应将故障信号机的号码通知前方站。

6. 预告（接近）信号机

在非自动闭塞区段的进站信号机、线路所通过信号机以及遮断信号机前方应装设预告信号机，如图1-11所示，其作用是预告主体信号的显示。为满足列车制动距离要求，预告信号机与其主体信号机间的距离不得少于 800m。当预告信号机的显示距离不足 400m 时，规定其安装距离不得少于 1000m，确保列车司机有足够确认信号的时间。

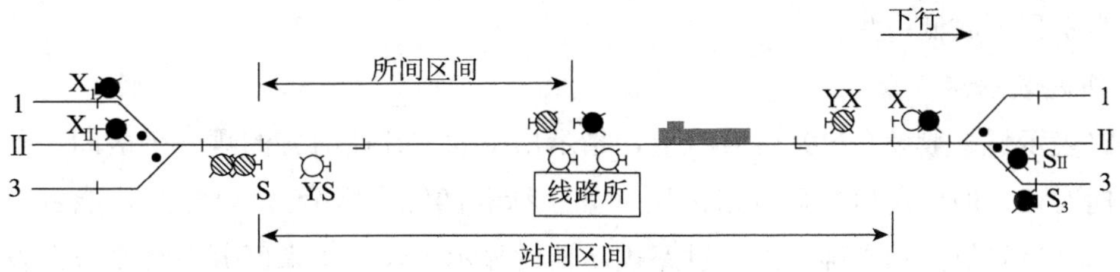

图 1－11　预告信号机设置

在列车运行速度超过 120 km/h 的非自动闭塞提速区段，车站进站信号机外方设置两段轨道电路，分别称为第一接近区段和第二接近区段，两接近区段的分界处设置接近信号机，如图 1－12 所示，用于预告进站信号机显示。接近信号机在绿灯和黄灯之间设一个空灯位，与预告信号机相比，多了一个绿黄灯显示，在进站信号机显示一个黄灯或黄闪黄灯时，它显示绿黄灯，只有进站信号机关闭和显示两个黄灯时，它才显示黄灯。

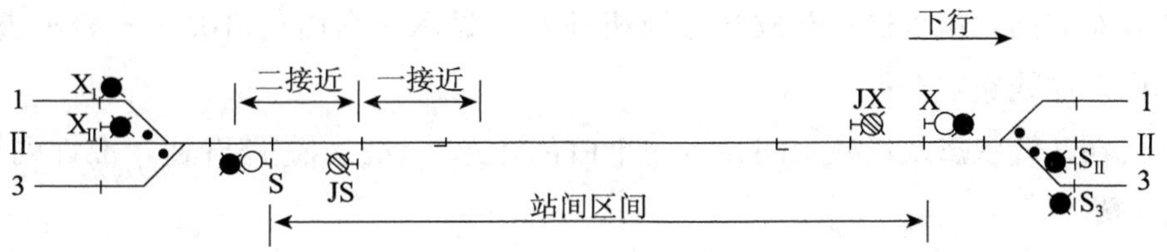

图 1－12　接近信号机设置

自动闭塞区段进站信号前方的第一架通过信号机已经起到预告信号的作用，不再设预告信号机，为区别于其他通过信号机，该信号机机柱上涂三道黑色斜线。在四显示自动闭塞区段的进站信号前方的第二架通过信号机，机柱上涂一道黑色斜线。

预告信号机名称的第一个字母为 Y，后面缀以主体信号的名称，如图 1－11 中的 YX 和 YS。

接近信号机名称的第一个字母为 J，后面缀以主体信号的名称，如图 1－12 中的 JX 和 JS。

预告信号机只有黄灯和绿灯两种显示，接近信号机增加了“绿黄灯”显示及其显示意义。

（五）信号表示器

固定信号也包括表示器，如发车表示器、调车表示器、进路表示器及道岔表示器等。

信号表示器与信号机不同。信号机是用以防护进路、防护区间和防护危及行车安全地点的。而信号表示器没有防护意义，仅仅用来表示行车人员的意图（如发车表示器和调车表示器等），信号机显示的附加含义（如进路表示器和发车线路表示器等），或某种行车设备的状态（如道岔表示器）。因此对信号机的技术要求（如显示距离，故障—安全）较高，对信号表示器可放低一些。

1. 进路表示器

进路表示器一般设在出站信号机上，指示出发列车开往前方的哪一个区间。若有两个发车方向时，一般可用信号显示来区别（如一绿和两绿来区分）。要注意，能否向区间发车是由出站信号机显示来确定的。进路表示器的显示仅仅是用来区分向哪个方向发车，起辅助信号的作用。

（1）设置。出站信号机有两个及以上的运行方向，而信号显示不能分别表示进路方向时，应在信号机上装设。发车进路兼出站信号机，根据需要可装设，区分进路方向。双线自动闭塞区段，有反方向运行条件时，出站信号机上应装设。

（2）作用。在其主体信号机开放后，才能着灯，用于区别进路开通方向或双线区段反方向发车，不能独立构成信号显示。

（3）显示方式。两个发车方向：当信号机在开放的条件下，分别按左、右两个白色灯光，区别进路开通方向。

三个发车方向：信号机在开放状态及机柱左方显示一个白色灯光——表示进路开通，准许列车向左侧线路发车；

信号机在开放状态及机柱中间显示一个白色灯光——表示进路开通，准许列车向中间线路发车；

信号机在开放状态及机柱右方显示一个白色灯光——表示进路开通，准许列车向右侧线路发车。

2. 发车表示器

发车表示器用来反映列车在发车时，值班员是否向车长发出了发车指示信号和车长是否向司机发出了发车信号。此种表示器只有在辨认发车指示信号或发车信号（一般都以手信号形式发出）有困难的车站上采用。

（1）设置。应在便于司机瞭望的地点。

（2）作用。发车指示信号或发车信号辨认困难，而中转信号又延长站停时间。

（3）显示方式。平时不着灯；点亮一个白色灯光表示运转车长准许发车。

（六）信号标志

1. 警冲标

（1）设置。设在两会合线路线间距离为 4m 的中间。线间距离不足 4m 时，设在两线路中心线最大间距的起点处如图 1－13 所示。在线路曲线部分所设道岔附近的警冲标与线路中心线间的距离，应按限界的加宽增加。

(2) 作用。用来确认列车停车位置的安全状态，列车进入股道，必须停在警冲标内方，才能保证本次列车与相邻线路列车安全。警冲标又是计算股道有效长起止点之一。

2. 站界标

(1) 设置。设在双线区间列车运行方向左侧最外方顺向道岔（对向出站道岔的警冲标）外不小于 50m 处，或邻线进站信号机相对处，如图 1－14 所示。

(2) 作用。表示车站与区间的分界。

3. 引导地点标

(1) 设置。列车在距站界 200m 以外，不能看见引导人员在进站信号机或站界标处显示的手信号时，须在列车距站界 200m 外能清晰地看见引导人员手信号的地点设置，如图 1－15 所示。

(2) 作用。让司机能及时看见引导人员的手信号。

图 1－13

图 1－14

图 1－15

（七）手信号

1. 停车信号

停车信号是要求列车停车。

昼间为展开的红色信号旗；夜间为红色灯光。

昼间无红色信号旗时，两臂高举头上向两侧急剧摇动；夜间无红色灯光时，用白色灯光上下急剧摇动。

2. 减速信号

减速信号是要求列车降低到要求的速度。

昼间为展开的黄色信号旗；夜间为黄色灯光。

昼间无黄色信号旗时，用绿色信号旗下压数次。夜间无黄色灯光时，用白色或绿色灯光下压数次。

3. 发车指示信号

发车指示信号是要求运转车长显示发车信号。

昼间为高举展开的绿色信号旗靠列车方面上下缓动；夜间为高举绿色灯光上下缓动。

4. 发车信号

发车信号是要求司机发车。

昼间为展开的绿色信号旗上弧线向列车方面作圆形转动；夜间为绿色灯光上弧线向列车方面作圆形转动。

在设有发车表示器的车站，按发车表示器显示发车。

5. 通过手信号

通过手信号是准许列车由车站（场）通过。

昼间为展开的绿色信号旗；夜间为绿色灯光。

6. 引导手信号

引导手信号是准许列车进入车场或车站。

昼间为展开的黄色信号旗高举头上左右摇动；夜间为黄色灯光高举头上左右摇动。

7. 特定引导手信号

特定引导手信号是在施工期间准许列车进入车场或车站。

昼间为展开绿色信号旗高举头上左右摇动，夜间为绿色灯光高举头上左右摇动。

8. 过标信号

过标信号是列车整列进入警冲标内方，运转车长与接车人员显示的信号。

昼间为拢起的手信号旗作圆形转动；夜间为白色灯光作圆形转动。

9. 互检信号

互检信号是运转车长与接发车人员、巡道人员，或在双线区段列车交会时，与邻线的运转车长显示的，以示列车安全运行。

昼间为拢起的手信号旗高举；夜间为白色灯光高举。

10. 行包装卸、列检作业完毕信号

行包装卸、列检作业完毕信号是在车站上行包装卸完毕、列检作业完毕后相关人员互相联系的“好了”信号。

昼间为拢起的手信号旗作圆形转动；夜间为白色灯光作圆形转动。

（八）轨道电路区段

轨道电路能有效防止向占用线路接车事故的发生。它不仅通过机车车辆占用到发线以后控制台上有红光带表示，而且能提醒车站值班员。重要的是它与防护进路的信号机相联锁，有效地防止了向有车线接车的严重后果。也就是说当设备正常时，即使车站值班员有不安全行为发生“误办”，向占用线接车，进站信号也不能开放（引导接车除外）。

1. 作用

轨道电路是以铁路线路的两根钢轨作为导体，两端加以机械绝缘（或电气绝缘），接上送电和受电设备构成的电路。

轨道电路的第一个作用是监督列车的占用。利用轨道电路监督列车在区间或列车和调车车列在站内的占用是最常用的方法。由轨道电路反映该段线路是否空闲，为开放信号、建立进路或构成闭塞提供依据，还利用轨道电路的被占用关闭信号，把信号显示与轨道电路是否被占用结合起来。

轨道电路的第二个作用是传递行车信息。例如数字编码式音频轨道电路中传送的行车信息，为 ATC 系统直接提供控制列车运行所需要的前行列车位置、运行前方信号机状态和线路条件等有关信息，以决定列车运行的目标速度，控制列车在当前运行速度下是否减速或停车。对于 ATC 系统来说，带有编码信息的轨道电路是其车地之间传输信息的通道之一。

2. 位置

一般将轨道电路按使用处所进行分类，可以分为区间轨道电路和车站内轨道电路。

区间轨道电路主要用于正线，不仅要监督各闭塞分区是否空闲，而且要传输有关行车信息，通常在控制台上表现为接近区段、离去区段，如图 1－16 所示。一般来说，区间要求轨道电路传输距离较长，要满足闭塞分区长度的要求，轨道电路的构成也比较复杂。

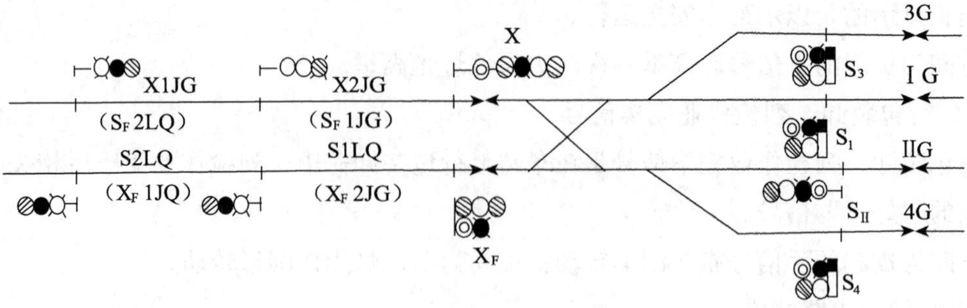

图 1-16 接近、离去区段

车站内轨道电路，主要用于站内各区段，一般只有监督本区段是否空闲的功能，不能发送其他信息。

如果将车站内轨道电路按有无道岔分类，可分为无岔区段轨道电路和道岔区段轨道电路，通常表现为无岔区段、道岔区段、到发线区段。无岔区段轨道电路内钢轨线路无分支，构成较简单，无岔区段存在于股道、进站信号机内方、双线发车口、半自动闭塞区间进站信号机外方的接近区段、差置调车信号机之间、尽头线调车信号机外方的接近区段等处。

3. 轨道电路区段划分的原则

轨道电路之间采用钢轨绝缘把两个轨道电路划分为互不干扰的独立的电路单元。每个轨道电路单元称为轨道电路区段。轨道电路要划分为许多区段，划分的原则是：

(1) 信号机的内外方应划分为不同的区段，凡有信号机的地方，均装有钢轨绝缘。

(2) 凡是能平行运行的进路，其间应设钢轨绝缘把它们隔开，如渡线上的钢轨绝缘。

(3) 在一个轨道电路区段内，包括道岔的数目原则上不超过三组。因包括道岔过多，轨道电路不易调整。

(4) 有时为了提高咽喉使用效率，把轨道电路区段适当划短，使道岔能及时解锁，立即排列别的进路。

4. 轨道电路区段的命名

道岔区段是根据道岔编号来命名的。如图 1-17 所示站场只包含一组道岔的 1DG、3DG，包含两组道岔的 11-13DG、9-15DG。如果包含三组道岔，则以两端的道岔号码命名。

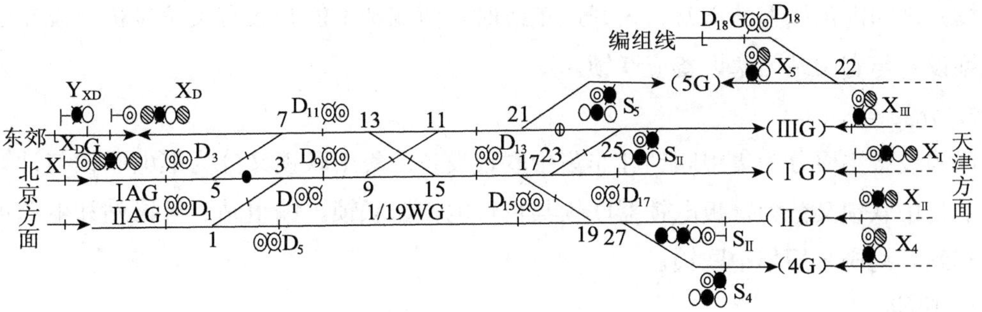

图 1-17　轨道电路区段

无岔区段的命名有不同的情况。对于股道，以股道号命名，如ⅠG、ⅡG。进站信号机内方第一轨道电路区段及双线发车口的无岔区段，根据所衔接的股道编号加上 A（下行）及 B（上行）来表示。如举例站场下行进站信号机内方，所衔接的股道为ⅠG，无岔区段编为ⅠAG。半自动闭塞区间进站信号机外方的接近区段，用进站信号机名称后加 JG 来表示，如 X_D 进站信号机外方的 X_DJG。

差置调车信号机之间的无岔区段，以两端相邻的道岔编号写成分数形式来表示。如 D5，D15 间的 1/19 WG。

牵出线、机待线、机车出段线、调车线、岔线入口和其他用途的尽头线处调车信号机外方设接近区段，用来保证信号开放后机车车辆接近时完成接近锁闭。还能帮助车站值班员及时了解上述线路是否留有机车车辆或调车车列的接近情况以及早采取措施（如尽快开放信号等）提高作业效率。该接近区段的编号是在调车信号机名称后加 G 来表示的，如 D11G。

（九）车站联锁设备

联锁设备即车站信号设备，用来实现进路、道岔、信号机之间的联锁关系，操纵道岔和信号机。联锁设备分为非集中联锁和集中联锁两大类。目前被广泛使用的是继电集中联锁，计算机联锁设备正日趋成熟并迅速发展，而非集中联锁设备则逐渐被淘汰。

1. 概念

联锁是为了保证车站的列车、调车作业安全，将信号、道岔、进路之间必须建立相互制约的关系。为实现联锁关系的设备称为联锁设备。

2. 联锁的基本条件

（1）当进路上的有关道岔开通位置不对或敌对信号机未关闭时，该信号机不能开放；信号机开放后，该进路上的有关道岔不能扳动，其敌对信号机不能开放。

（2）正线上的出站信号机未开放时，进站信号机不能开放通过信号；主体信号机未开放时，预告信号机不能开放。

（3）区间内正线上的道岔，未开通正线时，两端站不能开放有关信号机。设在辅助所的闭塞设备与有关站闭塞设备应联锁。

3. 分类

联锁设备主要分为集中联锁和非集中联锁设备。集中联锁又分为继电联锁与计算机联锁；非集中联锁又分为臂板电锁器联锁与色灯电锁器联锁。编组站、区段站和电源可靠的其他车站，均应采用集中联锁。

4. 功能

（1）联锁逻辑运算

联锁设备接收 ATS 或车站值班员的进路命令，进行联锁逻辑运算，实现对道岔和信号机的控制。继电器是自动控制中常用的电器。它用于接通或断开电路，以构成自动控制和远程控制电路。

（2）轨道电路信息处理

处理列车检测功能的输出信息，以提高列车检测信息的完整性。轨道电路是利用钢轨线路和钢轨绝缘构成的电路。它用来监督线路的占用情况，以及将列车运行与信号显示等联系起来，即通过轨道电路向列车传递行车信息。轨道电路是信号的重要基础设备，它的性能直接影响行车安全和运输效率。

（3）进路控制

借助各种联锁关系，在控制台上办理设定、锁闭和解锁进路。

（4）道岔控制

解锁、转换和锁闭道岔。道岔的转换和锁闭，是直接关系行车安全的关键设备。由转辙机转换和锁闭道岔，易于集中操纵，实现自动化。转辙机是重要的信号基础设备，它对于保证行车安全，提高运输效率，改善行车人员的劳动强度，起着非常重要的作用。

（5）信号机控制

确定信号机的显示。通常进路锁闭后自动开放。各种不同性质的进路，应有不同用途的信号机进行防护。如接车进路应有进站信号机防护，发车进路应有出站信号机防护，转场进路有进路信号机防护；调车进路应有调车信号机进行防护等。根据进路的性质不同，不但这些信号机显示和数目不同，且开放信号机所应满足的技术条件也不相同。

5. 集中联锁设备

室内设备主要有控制台、电源屏、继电器组合及组合架、区段解锁盘等。控制台是车站值班员办理接发列车作业的载体。要求信号员在控制台上办理道岔转换、进路准备、信号机开放等接发列车作业所需要的设备操作。室外设备主要有电动转辙机（转换道岔）、轨道电路、信号机等。

车站值班员在控制台上监控各种设备的状态。有必要时，在现场进行检查并转换道岔。

（十）闭塞设备

为保证铁路必要的通过能力和行车安全，铁路线路以车站为分界点划分成若干个区间。列车在区间内运行的时候，列车速度快、质量重、制动距离长，又不能避让。因此，必须采取技术措施确保列车在区间内运行安全，在同一区间，只准许一列列车运行。

为了保证列车在区间内行车安全，列车由车站驶向区间运行的条件：

一要验证区间空闲；

二要有进入区间的凭证；

三要实行区间闭塞。

列车要占用区间，一方面必须验证区间空闲，才能向区间发车。另外，要防护列车在区间内运行有可能发生列车分离事故，列车司机到站，不能说明区间一定空闲。因此，在没有检查区间状态的设备时，靠接车站的值班员确认列车整列到达后，才能认为区间已经空闲。当装有检查区间状态空闲的设备时，则可由信号来表示区间是否空闲，不必再由车站值班员检查和确认。

准许占用区间的凭证通常为车站的出站信号机和区间通过信号机的进行信号显示。当以出站信号机或通过信号机的进行信号显示作为准许占用区间的凭证时，在列车进入区间后信号机应自动关闭。

在同一区间只准许一列列车运行，一旦列车占用区间，即实行闭塞，在闭塞解除之前，不准许其他列车驶入。在单线区段还必须防止两个车站同时向一个区间发车，所以必须杜绝发生尾追或迎面冲突事故。

1. 闭塞

为保证安全，在列车运行时，应使列车与列车间保持一定的距离，这种行车方法称为行车闭塞法。

闭塞为保证列车在区间的运行安全，规定在同一区间（闭塞分区）、同一时间、只准许一列列车运行的技术方法。实现闭塞方法的设备称为闭塞设备。

2. 区间闭塞制度

（1）半自动闭塞

半自动闭塞人工办理闭塞手续，列车凭出站信号机或线路所通过信号机的进行信号显示作为发车凭证，列车发车后，出站信号机自动关闭的闭塞方法。发车站要发车，值班员必须在办理好闭塞手续，才能开放出站信号机；列车出发后，出站信号机自动关闭，区间闭塞；列车到达接车站后，靠接车站值班员确认列车整列到达，向发车站发送复原信息，使区间闭塞复原。这种方法，既要值班员办理操纵，又需依靠列车的作用自动动作，所以称之为半自动闭塞。在办理接发列车作业时，单线半自动闭塞要求两站值班员共同办理闭塞手续。其办理手续分为正常办理、取消复原和事故复原三种。

(2) 自动闭塞

将站间铁路线路划分为若干个闭塞分区，在每个闭塞分区的分界处，设立通过信号机，站内和区间均装设轨道电路。根据列车运行及闭塞分区状态，自动地变换通过信号机的显示，将闭塞分区占用情况自动地通知追踪列车，这种方法不需要人的操纵，故称为自动闭塞。

在自动闭塞区段，车站值班员要熟知车站衔接的区间闭塞设备特点。如显示制式为三显示自动闭塞、四显示自动闭塞的特点，行车组织方法为单线自动闭塞、双线单向自动闭塞、双线双向自动闭塞的特点等。注意自动闭塞和电气集中的结合，在控制台上通过接近区段与离去区段要监督列车的接近和离去情况，更好地控制列车的运行。

(3) 自动站间闭塞

使用自动站间闭塞法行车时，列车凭出站信号显示的进行信号进入区间。自动站间闭塞须与集中联锁设备结合使用，采用轨道检查装置自动检查区间空闲，发车站办理发车进路后即自动构成站间闭塞。列车到达接车站或返回发车站并出清区间后，自动解除闭塞。

(4) 移动自动闭塞

列车运行间隔自动调整，又称移动自动闭塞系统。这种设备不需要将区间划分成固定的若干闭塞分区，而是在两列车间自动地调整运行间隔，使之经常保持一定的距离。所以称列车运行自动调整，它可以大大地提高区段的通过能力。

(十一) 车站 TDCS 系统

列车调度指挥系统是铁路运输调度指挥的基础设施，是铁路运输生产的重要技术装备，由铁道部、铁路局、车站三级构成。

列车调度指挥系统应能实时自动采集列车运行及现场信号设备状态信息，并传送到铁道部调度指挥中心和铁路局调度所，完成列车运行实时追踪、无线车次号校核、自动报点、正晚点统计分析、交接车自动统计、列车实际运行图自动绘制、阶段计划人工和自动调整、调度命令及行车计划下达、站间透明、行车日志自动生成等功能，实现各级运输调度的集中管理、统一指挥和实时监督。

车站 TDCS 系统负责将列车到发时间及时上报到调度中心行调台，同时发送到相邻车站；上报小编组信息；提供给车站值班员实时站场显示和历史信息回放；接收行调台下达的阶段计划；记录行车日志；接收行调台下达的调度命令；上报某阶段点的现存车情况；确报查询等。

1. 系统登录、退出

(1) 开启计算机电源，系统自动进入启动初始画面

车站值班员用鼠标左键单击“系统”菜单，出现系统功能菜单选项，如图 1－18 所示。

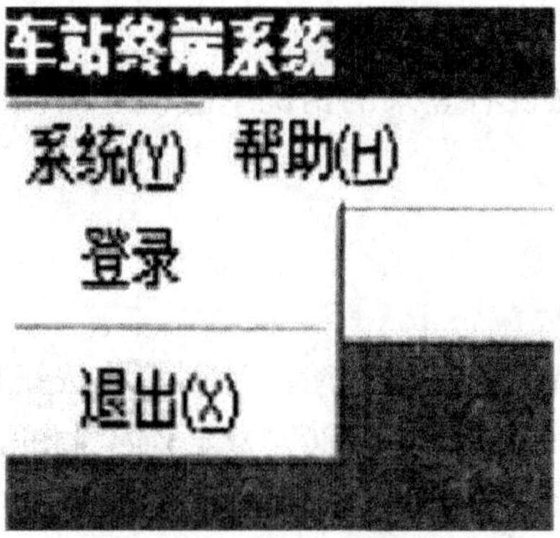

图 1－18　系统功能菜单

（2）登录

用鼠标点“登录”子项，弹出“登录系统”对话框，如图 1－19 所示。

输入代号和密码；选择相应的班次和本班次的起止时间。单击确定按钮，进入系统操作界面。

用户操作界面两个功能区：报点日志操作界面、站场显示操作界面。当用户用鼠标点击某一用户区后，某一用户区即被激活。

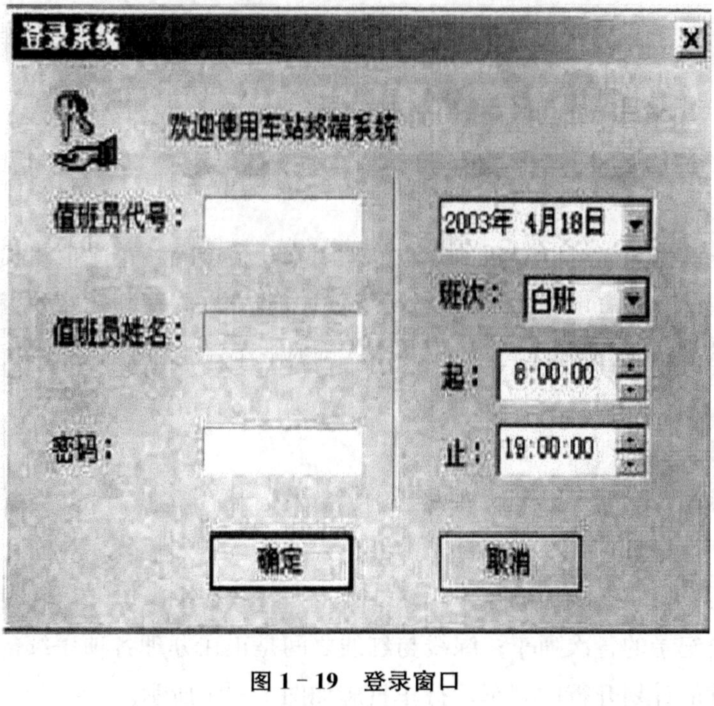

图 1－19　登录窗口

（3）退出

用鼠标点“退出”项，在没有登录的情况下直接退出该系统。如果已经登陆，系统禁止退出。

2. 管理操作

（1）接收运行计划

当调度中心向车站发送调度命令时，阶段计划签收按钮将会闪烁并有声音报警，说明已有阶段计划下达，车站值班员应进行签收。接收列车调度员下达的列车运行计划后即显示在行车日志上（运统二、运统三），如图 1－20 所示。

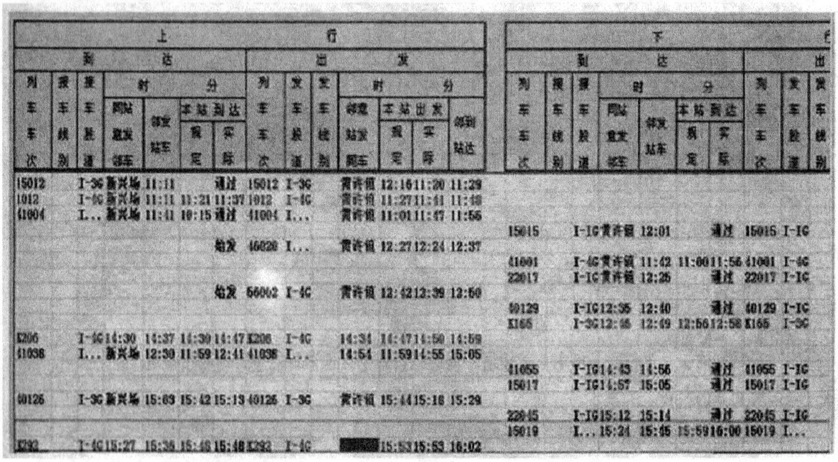

上行

到达 列车车次	接车线别	接车股道	邻站	邻站发车	本站到达 规定	本站到达 实际	出发 列车车次	发车股道	发车线别	邻站	本站出发 规定	本站出发 实际	邻站到达
15012		I-3G	新兴场	11:11		通过	15012	I-3G		黄许镇	12:16	11:20	11:29
1012		I-6G	新兴场	11:11	11:21	11:37	1012	I-4G		黄许镇	11:27	11:41	11:48
41004		I...	新兴场	11:41	10:15	通过	41004	I...		黄许镇	11:01	11:47	11:56
						始发	46028	I...		黄许镇	12:27	12:24	12:37
						始发	56002	I-4G		黄许镇	12:42	12:39	12:50
K206		I-4G	14:30	14:37	14:30	14:47	K206	I-4G		14:34	14:47	14:50	14:59
41036		I...	新兴场	12:30	11:59	12:41	41036	I...		14:54	11:59	14:55	15:05
40126		I-3G	新兴场	15:03	15:42	15:13	40126	I-3G		黄许镇	15:44	15:18	15:29
K292		I-4G	15:27	15:36	15:46	15:48	K292	I-4G			15:53	15:53	16:02

下行

到达 列车车次	接车线别	接车股道	邻站	邻站发车	本站到达 规定	本站到达 实际	出发 列车车次	发车股道	发车线别
15015		I-IG	黄许镇	12:01		通过	15015	I-IG	
41001		I-4G	黄许镇	11:42	11:00	11:56	41001	I-4G	
22017		I-IG	黄许镇	12:26		通过	22017	I-IG	
40129		I-IG	12:35	12:40		通过	40129	I-IG	
K165		I-3G	12:46	12:49	12:56	12:58	K165	I-3G	
41055		I-IG	14:43	14:56		通过	41055	I-IG	
15017		I-IG	14:57	15:05		通过	15017	I-IG	
22045		I-IG	15:12	15:14		通过	22045	I-IG	
15019		I...	15:24	15:45	15:59	16:00	15019	I...	

图 1－20　列车运行计划示意

（2）办理闭塞

在报点日志操作界面可以有两种方法办理闭塞及报点等。车站值班员选择某一列车车次，该车次就在行车日志上选中成记录行，再单击请求（同意）闭塞快捷键即可。或者在键盘输入区对应的车次窗输入车次，再输入对应闭塞的类型数字即可办理闭塞，如图 1－21所示。

（3）行车日志的管理

车站值班员每对一列车办理闭塞或到达、出发记录后，在 TDCS 系统上均会自动生成运统二、运统三行车日志。在行车日志上红色表示客车，黑色表示货车。另外根据列车运行及办理情况还会用两条线加以隔开，绿线在上，红线在下。绿线以上是已经办完各种手续且已成为历史纪录的各次列车；绿线与红线之间是正在办理各项手续的列车；红线以下是还未办理手续的计划开行的列车，行车日志如图 1－21 所示。

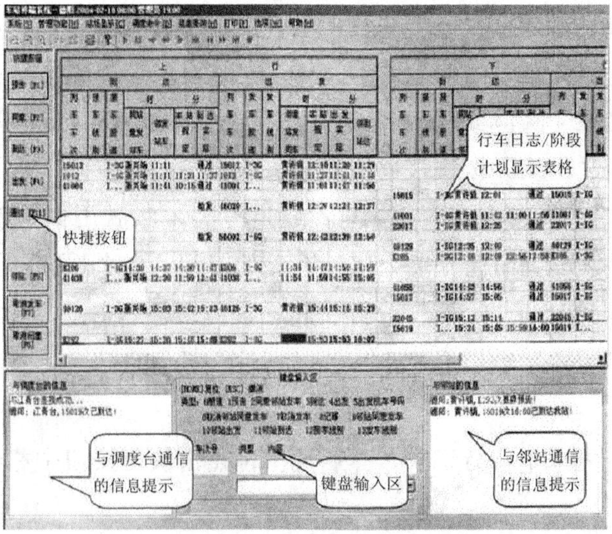

图 1－21　主界面

（4）报点

报点操作由系统主界面中的多个部分配合完成，主窗口显示如图 1－21 所示。

1）报点表格

即目标选择方法。用鼠标左键点击表格中的某行要操作的记录，该行记录四周会出现一个黄色矩形框，表明该行目前已经被选中，可以进行操作。

使用键盘的上/下方向键可以上下移动黄色矩形框，也可用翻页键（PageUp/PageDown）快速移动黄色框。

进行报点操作时一般使用报点窗口进行，也可以使用快捷按钮和键盘输入区辅助完成特定的操作。

2）报点窗口

通过鼠标点击“报点/填写日志”菜单项可以弹出报点窗口，如图 1－22 所示，此时报点窗口中没有内容。

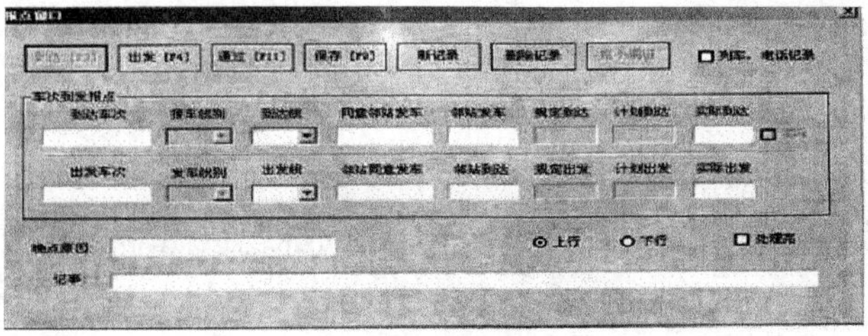

图 1－22　报点窗口

如果用鼠标右键点击报点表格中某行记录，该记录会处于黄框状态，同时报点窗口也会弹出，并且显示了目标记录的内容。

报到发点时，先在“实际到达”或“实际出发”编辑框中填入时间，然后点击“到达”按钮报到达点或“出发”按钮报出发点。

上报通过点时，在“实际出发”栏输入通过时间，然后用鼠标左键点击“通过”按钮。如果值班员在输入时间时希望输入当前时刻的时间，一个快捷的方式是先用鼠标点击编辑框，然后按下键盘上的“F8”键，系统将在该编辑框中自动显示当前的系统时间。

报点时，通信信息提示窗口会显示相关的通信提示信息。

3）快捷按钮

在报点表格中首先选中某行记录，然后用鼠标点击快捷按钮中相应按钮或直接使用键盘来完成操作。

4）键盘输入区

键盘输入区用户操作界面，如图 1－23 所示。

用户可以通过在键盘输入区的“车次”、“类型”、“内容”栏中输入相应的内容完成各项操作。

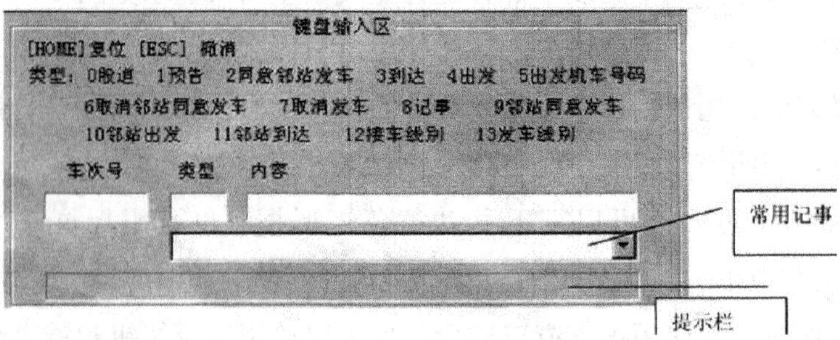

图 1－23　键盘输入区

车次：在“车次”栏输入车次。

类型：类型共分为 13 种，每种类型和数字位一一对应的。

0——股道；1——预告；2——同意邻站发车；3——到达；4——出发；5——出发机车号码；6——取消邻站同意发车；7——取消发车；8——记事；9——邻站同意发车；10——邻站出发；11——邻站到达；12——接车线别；13——发车线别。系统根据用户在“类型”栏输入的同意来选择相应的操作。

内容：在用户输入正确的类型后，“内容”栏的标题按照输入的类型而改变。

常用记事：用户移动鼠标到常用记事栏，点击鼠标左键，则以下拉菜单形式显示各常用记事模板。

5）通信信息提示窗

与调度台的信息提示：记录调度台与车站之间的通话和连接情况。

与邻站之间的信息提示：本站与相邻车站的通话记录，如图 1－24 所示。

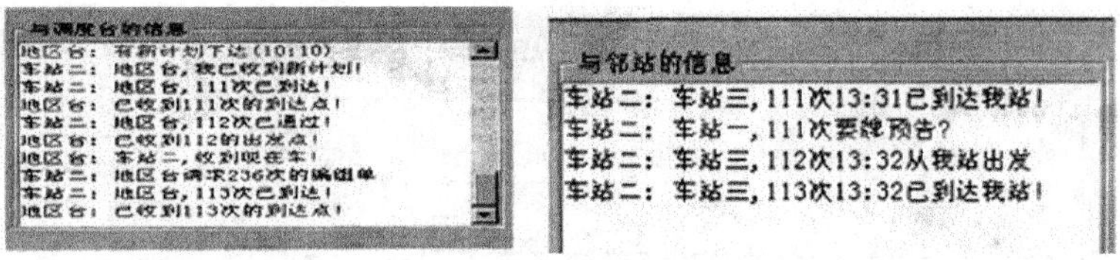

图 1－24　与调度台、邻站信息记录

（5）自动报点

实现自动报点和人工报点之间的相互切换，如图 1－25 所示。

1）状态的查看

系统默认处于自动报点状态。

鼠标左键点击“选项”菜单中的“自动报点”。当“自动报点”选项前有黑色的对钩时表示系统处于自动报点状态。如果“自动报点”选项前没有黑色的对钩时表示系统处于手动报点状态。

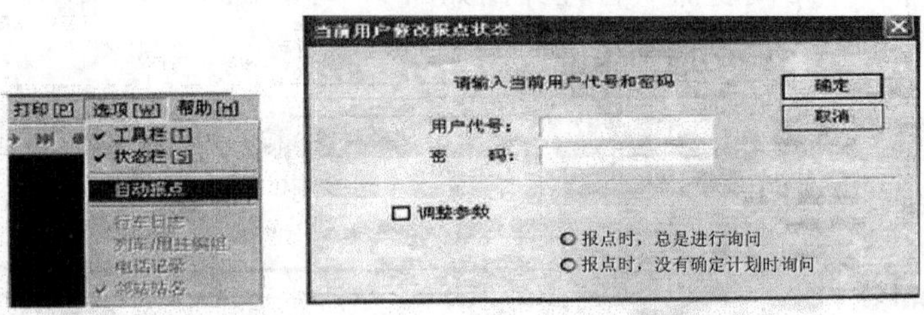

图 1－25　人工报点与自动报点切换

2）状态切换

鼠标左键点击“选项”子菜单的“自动报点”选项，系统弹出“当前用户修改报点状态”对话框。

输入“用户代号”、“密码”，鼠标左键点击“确定”按钮。如果输入的值班员代码和密码都正确，系统将切换当前的状态；如果输入的代码或密码中任何一项错误，则系统提示错误信息，并且仍然保持当前的工作状态。

3）自动报点

系统根据站场信号的开放、进路的占用情况自动追踪车次号，并自动产生到发点，系统自动产生到发点后，在屏幕上弹出对话框要求确认（修改）。在确认正确后，用鼠标左键点击“确定”按钮，自动追踪的到发点将上报到行调台，并在当前的行车日志中显示上报的信息，如图 1－26 所示。

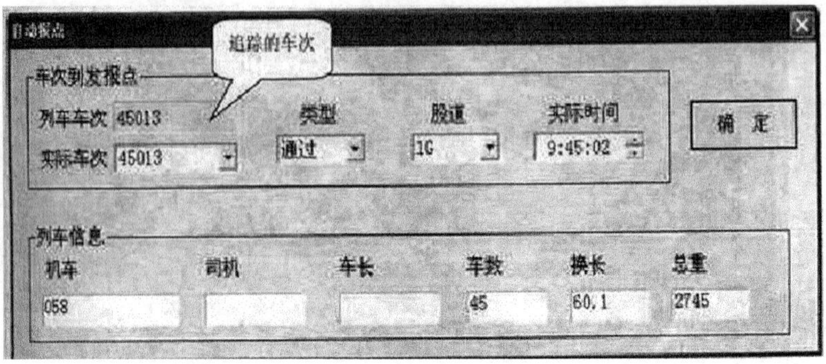

图 1－26　自动报点

（6）接收调度命令

车站值班员可对调度命令进行接收、签收、存储、查询和打印。当调度中心向车站发送调度命令时，调度命令签收按钮将会闪烁并有声音报警，说明有调度命令下达。车站值班员应签收此调度命令。调度命令签收后即自动储存在调度命令管理菜单中，车站值班员可进行查询和打印，车站调度命令管理界面如图 1－27、图 1－28 所示。

图 1－27　调度命令

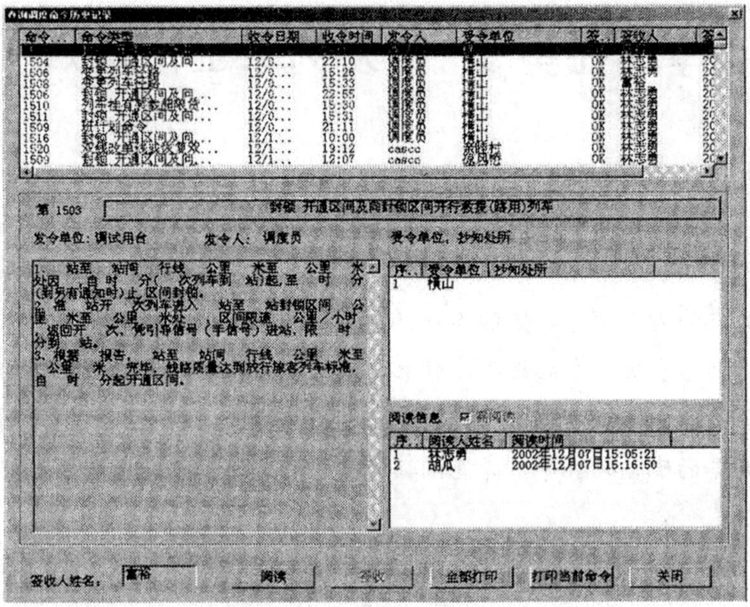

图 1 - 28　调度命令管理界面

【任务实施与评价】

1. 下发任务单，明确任务内容及考核方式，学生课前按要求完成预习任务；

2. 教师讲解理论知识点，学生分组讨论任务，确定任务实施方式和人员分工；

3. 通过角色扮演的方式完成任务情景模拟；

4. 教师和各组长担当本次任务的他人评价工作，在角色问答中评判同学们任务完成情况。

技能检测

1. 什么是车站？

2. 车站如何分类？

3. 车站办理的作业和设备特征？

4. 车站符号如何识别？

5. 完成任务书。

学习任务3　接发列车工作认知

任务描述

接发列车工作是铁路车站必须完成的一项重要工作，由车站值班员岗位群依据列车运行计划中各种列车的先后顺序，借助各种行车设备才能实现。本次任务需要你作为一名车站值班员能面对列车车次、车站设备，独立判定接发列车情况及条件，包括明确接发列车基本任务、主要内容、人员分工、选择接发列车作业标准，理解接发列车作业程序，判定两相邻站接发列车的配合时机等，并能依据规章规定条理清晰地说明你的理由。具体任务见任务单所示。

任　务　单

1. 甲—乙为双线自动闭塞区间，两站均设配有信号员。甲站3道停有计划开往乙站的列车K253次，请判断甲、乙两站的接发列车作业、接发列车作业标准及人员分工设置。

2. 乙—丙为单线半自动闭塞区间，两站均没有信号员。丙站4道停有计划开往乙站的列车1308次，请判断乙、丙两站的接发列车作业、接发列车作业标准及人员分工设置。

知识准备

《技规》第276条　车站应不间断地接发列车，严格按列车运行图行车。接发列车时，车站值班员应亲自办理闭塞、布置进路（包括听取进路准备妥当的报告）、开闭信号、交接凭证、接送列车、指示发车或发车。由于设备或业务量关系，除布置进路（包括听取进路准备妥当的报告）外，其他各项工作可指派助理值班员、信号员或扳道员办理。

车站值班员接到邻站列车预告后，按《站细》规定及时通知有关人员到岗接车，站内平过道应加强监护。

第277条　车站值班员在办理闭塞时，应确认区间空闲。接车前，必须亲自或通过有关人员确认接车线路空闲、进路道岔位置正确、影响进路的调车作业已经停止后，方可开放进站信号机，准备接车；发车前，检查确认进路道岔位置正确、影响进路的调车作业已经停止后，方可开放出站信号机，交付行车凭证，在旅客上下、行包装卸和列检作业完了后，指示发车或发车。

车站值班员下达准备接发车进路命令时，必须简明清楚，正确及时，讲清车次和占用线路（一端有两个及以上列车运行方向或双线反方向行车时，应讲清方向、线别），并要受令人复诵，核对无误。

接发列车时，按规定程序办理，并使用规定用语。

第 278 条　扳道、信号人员在值班时应做到：

1. 严格按照车站值班员的接发列车命令、调车作业计划，正确及时地准备进路。

2. 在扳动道岔、操纵信号时，认真执行“一看、二扳（按）、三确认、四显示（呼唤）”制度；对进路上不该扳动的道岔，也应认真进行确认。

3. 接发列车进路准备完了后，及时报告车站值班员（能从设备上确认者除外）。

一、基本任务

接发列车工作是车站（线路所）根据行车闭塞方式及技术设备条件，按照规定的程序，办理列车接、发、通过作业的整个过程。

接发列车工作是铁路运输生产活动的一项重要内容，是列车运行过程中不可缺少的重要环节，所有列车都需经过发车和接车作业，方能进入区间运行或接入站内进行各项技术作业。因此，严格按照列车运行图规定的时刻，安全、正点、不间断地接发列车是车站行车工作的主要任务。

二、主要内容及人员分工

接发列车工作的主要内容有：办理闭塞（预告）、布置与准备进路、开闭信号或交接凭证、接送列车与指示发车或发车、开通区间。车站参与接发列车工作的人员有：车站值班员、助理值班员、信号员或扳道员（长）。车站值班员是接发列车工作的统一组织者和指挥者，接发列车有关人员必须服从车站值班员的统一指挥。

上述接发列车工作，原则上由车站值班员亲自办理。如因设备分散或作业繁忙，由车站值班员一人亲自办理确有困难时，除布置进路（包括听取进路准备妥当的报告）外，其他各项工作可指令助理值班员、信号员或扳道员办理。助理值班员、信号员、扳道员参与接发列车作业的分工，应在《车站行车工作细则》内规定。

当车站设有几个办理接发列车的车场时，各车场应分别设车站值班员，负责指挥本车场的接发列车工作。车场间接发列车进路互有关联时的行车工作，由指定的车站值班员统一指挥。车场的管辖范围及车站值班员的职责应纳入《车站行车工作细则》。

三、接发列车作业标准

接发列车作业直接关系着安全正点和运输效率。不间断地接发列车，严格按列车运行图行车，是车站的基本任务之一。在完成接发列车作业时，必须严格执行铁路行车规章。

1. 铁路行车规章

铁路行车规章是铁路运输企业安全、正点、优质、高效完成运输任务，组织生产活动，约束经营行为的规范和准则。在铁路运输企业管理中，行车规章制度属于技术管理的范畴。在生产过程中，正确、合理地制定规章制度，科学、规范地管理规章制度，全面有效地实施规章制度，是铁路运输企业技术管理的主要任务。因此，行车规章制度的科学性、先进性及实施中的权威性、实效性是衡量铁路运输企业管理水平的重要标志。同时行车规章是铁路实施安全基础建设的重要内容，是规范安全生产和组织运输生产活动的基本依据和行为准则，必须做到“科学制定，贯彻畅通，规范管理，落实到位”，以确保铁路运输安全正点、方便快捷、高速有效。

铁路行车规章主要包括《技规》、《接发列车作业标准》、《铁路调车作业标准》（以下简称《调标》）、《铁路运输调度规则》（以下简称《调规》）、《铁路营业线施工及安全管理办法》、《铁路行车组织规则》（以下简称《行规》）、《车站行车工作细则》（以下简称《站细》）、《铁路 200～250km/h 既有线技术管理暂行办法》等有关内容。

《技规》依据《铁路法》、《中华人民共和国铁路运输安全保护条例》等有关法律法规制定是铁路技术管理的基本规章。铁路其他规章和规范性文件以及各部门、各单位制定的技术管理文件等，都必须符合《技规》的规定。《技规》规定了铁路的基本建设、产品制造、验收交接、使用管理及保养维修方面的基本要求和标准；规定了各部门、各单位、各工种在从事铁路运输生产时，必须遵循的基本原则、责任范围、工作方法、作业程序和相互关系；规定了信号的显示方式和执行要求；规定了铁路工作人员的主要职责和必须具备的基本条件。《技规》是长期生产实践和科学研究的总结，它将随着运输生产和科学技术的不断发展，逐渐充实和完善。在铁道部没有明令修改以前，任何部门、任何单位、任何人员都不得违反《技规》的规定。

《行规》是各铁路局为实施《技规》规定的行车组织原则和办法，针对本局技术设备、运输特点及工作水平的具体条件制定的行车组织办法。其主要内容包括：《技规》明文规定由各局自行规定的事项；《技规》未作统一规定，又不宜由站段等基层单位自行补充规定的行车办法；根据铁路局管内特殊地段的平、纵断面情况，信号、联锁、闭塞设备和机车类型，对行车工作所规定的特殊要求和注意事项；本局在生产实践中普遍推广的先进经验和行之有效的安全生产措施等。

《站细》是车站编制、执行日常作业计划，组织接发列车、调车和各项技术作业以及有关技术设备使用的基本法规。《站细》的主要内容包括车站技术设备的使用、管理，接发列车、调车以及与行车有关的客运、货运、军事运输工作的组织，列车的技术作业程序和时间标准，作业计划的编制、执行制度，车站信息系统的管理制度，车站通过、改编能力，并应附注有坡度的车站线路平面图、进站信号机外制动距离内平纵断面图、联锁图表及电气化区段接触网高度和分相分段绝缘器位置等技术资料。

2. 行车指挥的原则

行车工作必须坚持集中领导、统一指挥、逐级负责的原则。

局与局间由铁道部，局管内各区段间由铁路局，一个调度区段内由本区段列车调度员统一指挥。

车站由车站值班员，线路所由线路所值班员统一指挥。凡划分车场的车站，车场间接发列车进路互有关联的行车事项，由指定的车站值班员统一指挥。

列车和单机由司机负责指挥，有运转车长的列车由运转车长负责指挥。列车或单机在车站时，所有乘务人员应按车站值班员的指挥进行工作。

在调度集中区段，有关行车工作由该区段列车调度员直接指挥。但转为车站控制时，由车站值班员指挥。

3. 接发列车作业标准

作业标准是指与直接生产有关的作业项目、程序，在内容、顺序、质量、时限、工具、动作和态度等方面所作的统一规定。它是对生产作业人员具有约束性的准则，包括国家标准、部颁标准、局定标准，各基层站段根据本单位具体情况制定的属于站段一级的标准。

铁道部根据我国铁路不同的行车闭塞方法、人员配备和作业方法等情况，在充分考虑正常情况下的作业方法和非正常情况下的特定措施的前提下，结合不同闭塞法、不同联锁类型和不同的劳动组织形式，制定了《接发列车作业标准》。

《接发列车作业标准》是以重复特征的作业程序、作业方法以及有关事项为对象，以科学技术和实践经验的综合为基础，以铁道行业标准的形式发布的统一规定，由作业程序与岗位作业技术要求构成。

为确保接发列车作业安全，车站接发列车作业必须按照《接发列车作业标准》的规定办理，并使用规定用语。而随意简化、甚至颠倒或遗漏作业程序及用语，势必危及行车安全。

2009 年 5 月 1 日实施的《接发列车作业标准》包括 TB/T 1500. 1—2009《双线自动闭塞集中联锁（设信号员）接发列车作业标准》，TB/T 1500. 2—2009《双线自动闭塞集中联锁（未设信号员）接发列车作业标准》，TB/T 1500. 3—2009《单双线半自动闭塞集中联锁（设信号员）接发列车作业标准》，TB/T 1500. 4—2009《单双线半自动闭塞集中联锁（未设信号员）接发列车作业标准》，TB/T 1500. 5—2009《单双线半自动闭塞色灯电锁器联锁接发列车作业标准》，TB/T 1500. 6—2009《单双线电话闭塞无联锁接发列车作业标准》，TB/T 1500. 7—2009《单线自动站间闭塞集中联锁（设信号员）接发列车作业标准》；TB/T 1500. 8—2009《单线自动站间闭塞集中联锁（未设信号员）接发列车作业标准》等八个标准。

四、接发列车作业程序

接发列车作业必须在两个相邻车站（线路所）由车站值班员指挥完成。两站完成一个列车的运行，必须相互配合，才能保证列车运行安全如表 1-3 所示。

表 1-3　　　接发列车作业程序

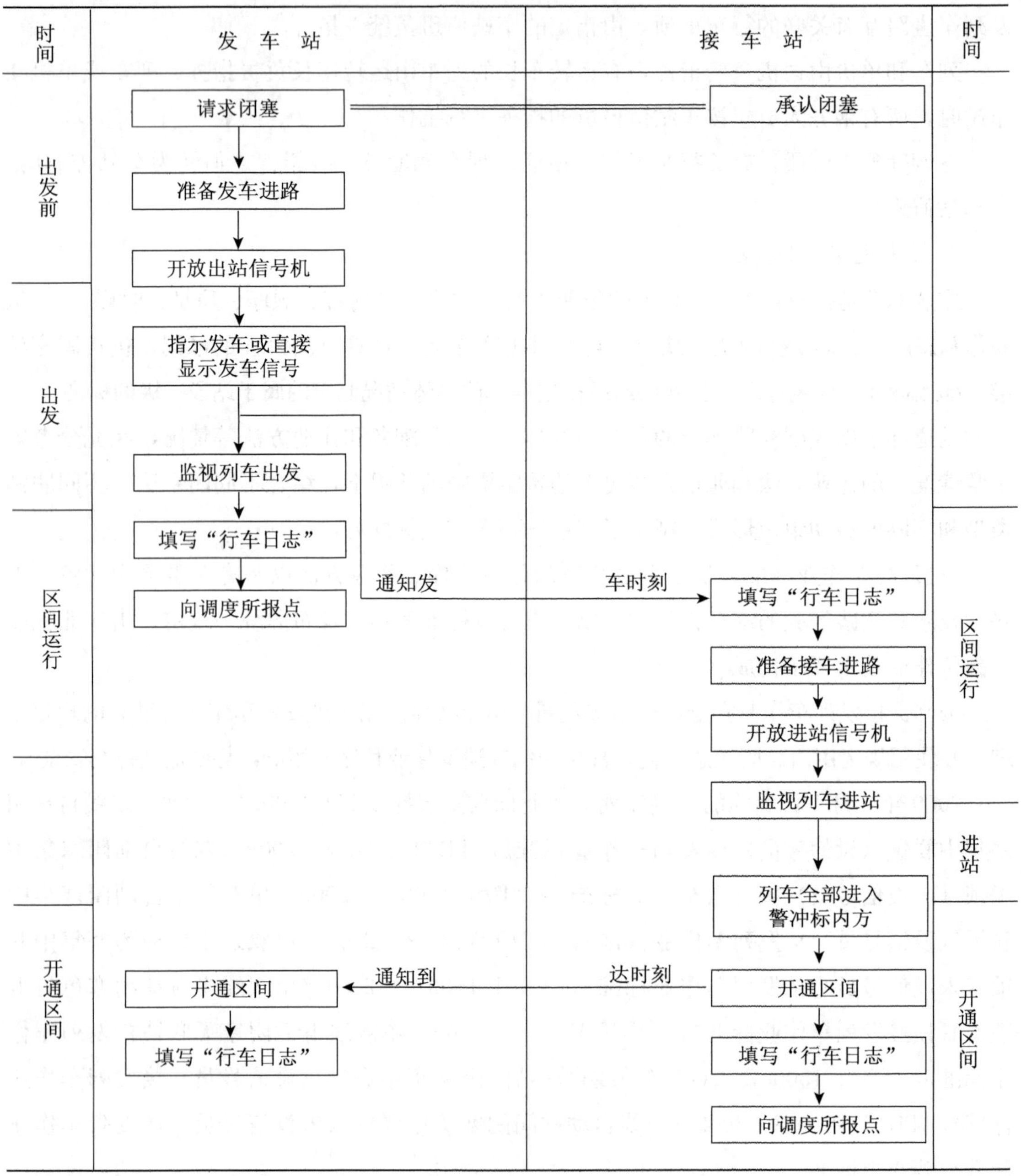

【案例】××××年×月×日19时21分至22时05分，××站联锁失效。22002次站内停车2道，计划交会11319次、1385次后再开（这几列车为该班组接晚班的第一批作业）。

车站值班员×××盲目布置两端扳道员，准备11319次2道通过进路，而两端扳道员既未出场检查确认进路，也未填记占线揭示板，竟先后盲目汇报2道通过进路准备妥当。直至11319次逼近，车站值班员出场接车时，才发觉2道停有22002次，慌忙跑回行车室，命令1号扳道员："改进1道、改进1道。"而1号扳道员却误听为"赶紧引导、赶紧引导"，迅速往进站信号机外跑。结果，11319次与22002次正面冲突（列车颠覆，死亡6人、伤1人、货车报废16辆、大破8辆、机车报废1台、大破1台，中断正线行车24小时），构成重大行车事故。

这起事故有关的主要责任者，均被刑事处理；有关领导亦被从重给予行政处分。从这起事故分析来看：

1. 严重违章。违反《技规》关于"接车前，车站值班员必须亲自或通过有关作业人员确认接车线路空闲……"的规定。在接11319次前，简化作业程序，几个作业人员均未对线路是否空闲进行现场检查。22002次停在站内2道，而车站接车人员却盲目准备11319次2道通过，给事故的发生潜伏下隐患。

2. 处理不当。车站值班员在发现问题（准备通过11319次的2道却停有22002次）后，应急处理不当，未迅速采取有效措施。只知道急忙命令扳道员变更进路，而不知以无线调度电话通知司机站外停车，尽可能阻止11319次进站闯入2道以最大限度减少事故损失。

3. 简化和颠倒作业程序。首先，在办理11319次通过进路时，就简化作业程序，漏检接车线是否空闲；其次，当发现线路有车后应急处理中，作业程序又予简化和颠倒（应先取消前发进路的命令，再重新发布进路命令），用语含混不清，未使用作业标准用语（导致"改进1道"误为谐音的"赶紧引导"，误解及混淆词义），严重简化和颠倒了《接发列车作业标准》有关规定程序及作业用语，导致事故损失惨重。

在应急处理中，更须注意执行规定的作业程序和作业用语。如车站值班员命令扳道员："前发命令取消，11319（次）1道通过，准备进路。"那么，1号扳道员也就不会误往机外去"赶紧引导"。

所以，接发列车规定的作业用语，与行车安全的重要性和行车工作的严肃性是贯穿于每一作业环节，渗透在每一作业项目中的，必须严格执行。

五、执行安全操作规范

（1）接发列车时，认真执行接发列车作业标准。

(2) 接发列车时，认真执行车机联控标准。

(3) 接发列车时，接发列车人员应穿着规定服装，衣帽整齐，佩戴臂（胸）章，携带列车无线调度电话，持规定信号旗（灯），立正姿势，站在《站细》规定地点，面向列车，注意列车运行和货物装载状态。

(4) 办理接发列车用语应使用普通话。遇“0”、“1”、“2”、“7”可发“dòng（洞）”、“yāo（幺）”、“liǎng（两）”、“guǎi（拐）”音。用语中括号内的“站”、“次”、“×点”、“分”、“了”可省略。办理动车组以外的客运列车时，车次前冠以“客车”两字（向列车调度员报点除外）。如动车×（次）、客车×（次），客车直（特、快、内、临、诶、游）×（次）。

(5) 开放信号时，执行“一看、二按（点击）、三确认、四呼唤”及“眼看、手指、口呼”制度。眼看：看准应操纵的按钮；手指：中、食指并拢成“剑指”，指向应确认的按钮（计算机联锁设备为鼠标箭头或光电笔对准应确认的按钮）；口呼：规定用语，吐字清楚。

(6) 填写“行车日志”（旅客列车使用红笔）、调度命令及各种行车凭证，要做到正确齐全，字迹清晰。使用无线传送系统传送各种行车凭证时，有关输入、核对、传送、接收等办法由铁路局规定。

(7) 一端有两个及其以上列车运行方向，办理预告及下达接发车命令时，应以线名或邻站名区别方向（“线”或“站”字可省略）；有两个及其以上车场或经路时，要讲明车场或经路。具体办法在《站细》中规定。

(8) 遇有超长、超限列车，单机挂车及列尾装置灯光熄灭的列车，应在办理发车预告时通知接车站。

(9) 列车区间运行时分小于规定的开放进站信号时分时，办理信号时机按《站细》规定。

(10) 车站使用列车无线调度通信设备发车时，通知司机用语为：“×（次）、×道发车”，并听取复诵无误。

(11) 接发列车作业中，发现列车有异状等问题时，接发车人员应立即报告同时按规定采取安全措施。

(12) 始发列车发车后，应向列车调度员报告列车编组简报、机车号码、司机和运转车长姓名或代号及晚点原因，摘挂列车还应报告摘挂辆数等。

(13) 列车同时到发，助理值班员不能兼顾时，应先办理发车。

(14) 信号控制台上使用的行车表示牌（帽、卡）及揭挂办法，按《站细》规定执行。

(15) 由于设备、人员组织不同，执行“岗位作业技术要求”中的有关内容有困难时，可由铁路局（车站）补充规定。

（16）使用自动通过按钮的办法，由铁路局制定。

六、铁路对铁路行车工作人员的要求

（1）铁路行车有关人员，在任职、提职、改职前，必须经过拟任职业的任职资格培训，并经职业技能鉴定、岗位任职资格考试合格，取得相应等级的职业资格证书和相关岗位任职资格后方可任职。

在任职期间，应按规定周期参加任职岗位适应性培训和业务考试，考试不合格的，不得上岗作业。

（2）铁路行车有关人员，在任职前必须经过健康检查，身体条件不符合拟任岗位职务要求的，不得上岗作业。

在任职期间，要定期进行身体检查，身体条件不符合任职岗位要求的，应调整工作岗位。

（3）对行车有关人员，应加强日常安全生产知识和劳动纪律的教育、考核，并有计划地组织好在职人员的日常政治和技术业务学习。每位在职行车人员，每两年不少于10天的专业培训（机车、动车组司机每年不少于15天的专业培训）。

（4）驾驶机车、动车组、动车、自轮运转特种设备的人员，必须持有铁道部颁发的驾驶证。变更驾驶机型前，必须经过相应的技术培训并考试合格。

实习和学习驾驶机车、动车组、动车、自轮运转特种设备和操纵信号或重要机械、设备及办理行车作业的人员，必须在正式值乘、值班人员的亲自指导和负责下，方准操作。

（5）铁路行车有关人员在执行职务时，必须坚守岗位，穿着规定的服装，佩戴易于识别的证章或携带相应证件，讲普通话。

（6）铁路行车有关人员，接班前须充分休息，严禁饮酒，如有违反，立即停止其工作所承担的任务。

（7）铁路职工必须在自己的职务范围内，以对国家和人民极端负责的态度，保证安全生产。

所有铁路职工都必须严格遵守和执行《技规》的规定。铁路各单位对遵守《技规》成绩突出者，应予表扬或奖励；对违反者，应视其违反程度和造成事故的性质、情节及后果，给予教育、纪律处分或追究法律责任。

【任务实施与评价】

1. 下发任务单，明确任务内容及考核方式，学生课前按要求完成预习任务；
2. 教师讲解理论知识点，学生分组讨论任务，确定任务实施方式和人员分工；
3. 通过角色扮演的方式完成任务情景模拟；
4. 教师和各组长担当本次任务的他人评价工作，在角色问答中评判同学们任务完成情况。

技能检测

1. 简述接发列车工作的主要任务？
2. 简述接发列车工作的主要内容？
3. 接发列车工作人员如何分工？
4. 接发列车工作有哪些标准？
5. 接发列车作业程序如何才能完成？
6. 完成任务书。

项目二　正常情况接发列车作业

知识目标

1. 确认区间空闲及办理闭塞的方法；
2. 确认接车线空闲及到发线使用原则；
3. 相对方向同时接车及同方向同时发接列车规定；
4. “行车日志”的内容及填写方法；
5. 发车方向及条件的确认；
6. TB1500 作业程序与用语。

能力目标

1. 能确认接车车次并为列车办理闭塞；
2. 能确定合理的接车线路；
3. 能正确办理接发车进路；
4. 能正确选择接发车作业程序与用语；
5. 能正确操作车站 TDCS 系统填写“行车日志”。

任务导入

本项目你的任务是面对列车能独立判定列车运行条件，并借助 6502 电气集中或计算机联锁设备、闭塞设备等不同作业条件载体训练你对运行条件的控制与处置能力。熟悉正常情况下列车运行条件的特点及应对的方法与处理程序。对此，你需要理论与实践的练习，在练习过程中，你会逐步掌握本项目中完成各任务应具备的所有技能，包括相关的背景知识，这也是学习中非常重要的一部分。

为达到真正的学习效果，并最终能独立完成任务，你应该在准备阶段多渠道、全方位地了解相关知识，更重要的是必须学会独立思考问题，而不是简单地看书、听讲、完成任务。

在完成这一任务时，请尽量始终遵循以下规则：

在做每一小项任务前，都要先获取有关方面的信息（信息获取的重点在“任务单”）。这就是说，不仅学会如何正确判定列车的运行条件及接发列车的方法，而且要掌握：运行条件发生变化对接发列车作业有哪些影响？接发列车作业方法的判定涉及哪些方面，它们之间有什么联系？在判定工作中你的主要依据是什么，从哪里获取这些依据？你如何正确运用规章条款为判定工作服务？等等。

请你始终独立处理信息并且借助相应的工作技巧，给文本作标记、记录，制作并展示你的学习卡片等，对于长期保存信息来说这些都是非常有效的工作策略。请你始终要以书面形式记录关于任务的相关信息！

学习任务1　发车作业

任务描述

本次任务需要你作为一名车站值班员能面对列车，独立判定车站列车运行情况，包括待发列车车次、停留线路、运行方向，确定区间空闲、发车条件及采用的发车方法，选择并执行发车作业程序标准等，并能依据规章规定条理清晰地说明你的理由。具体任务见任务单所示。

任　务　单

1. 甲—乙为双线单向自动闭塞区间，甲乙两站均配备信号员。甲站3道停有待发列车2345次，乙站3道停有待发列车T78次后，请甲、乙两站分别办理发车作业。

2. 乙—丙为双线双向自动闭塞区间，乙丙两站均配备信号员。乙站4道停有待发列车K56次。丙站3道停有待发列车T69次列车，请甲、乙两站分别办理发车作业。

3. A—B为单线半自动闭塞区间，AB两站均配备信号员。A站3道停有待发列车21045次车，B站4道停有待发列车1106次，请A、B两站分别办理发车作业。

知识准备

发车作业是将列车由车站开往区间，由车站值班员岗位群依据列车运行计划中，确定发出的列车，借助各种行车设备才能实现。

一、发车作业内容

1. 定义

发车作业是指发车站从向邻站请求发车（双线为预告发车）时起，至列车全部开出站界，并办完有关作业为止的一段时间内所办理的全部作业。

接收列车调度员下达的列车运行计划并核对运行计划是发车站发车之前必须认真核对确认的，以确保发出列车车次无误。

2. 确定发车方向

发车作业时车站值班员应向有关人员讲清车次和占用线路（由某股道出发）。如果车站一端有两个及其以上列车运行方向或双线反方向行车时，还应讲清方向、运行线路。以保证列车不会开往异向。

车站作业人员依据列车运行计划中的列车车次，判定列车的运行方向，在办理发车作业前首先要清楚列车要开往哪个方向的车站。

3. 发车作业内容

发车作业的主要内容有：请求闭塞（发车预告）、布置与准备发车进路、开放出站信号或交付凭证、指示发车或发车、报点。

二、区间

列车运行是以车站、线路所所划分的区间及自动闭塞区间的通过信号机所划分闭塞分区作间隔。

1. 站间区间

在单线上，车站与车站间以进站信号机柱的中心线为车站与区间的分界线。单线铁路站间区间如图 2-1 所示。

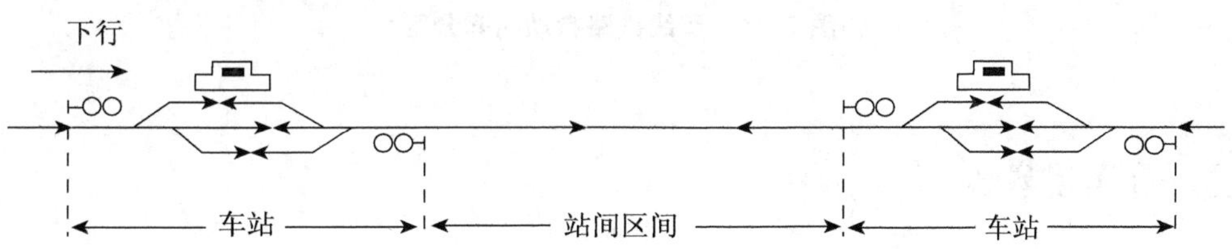

图 2-1 单线铁路站间区间

在双线或多线上，车站与车站间分别以各该线的进站信号机柱或站界标的中心线为车站与区间的分界线。双线铁路站间区间如图 2-2 所示。

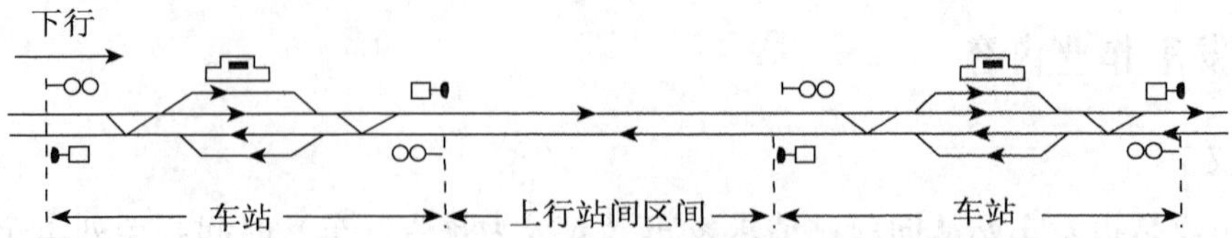

图 2-2　双线铁路站间区间

2. 所间区间

两线路所间或线路所与车站间，以该线上的通过信号机柱的中心线为所间区间的分界线。设有进站信号机的线路所，所间区间的分界方法与站间区间相同。双线铁路所间区间如图 2-3 所示。

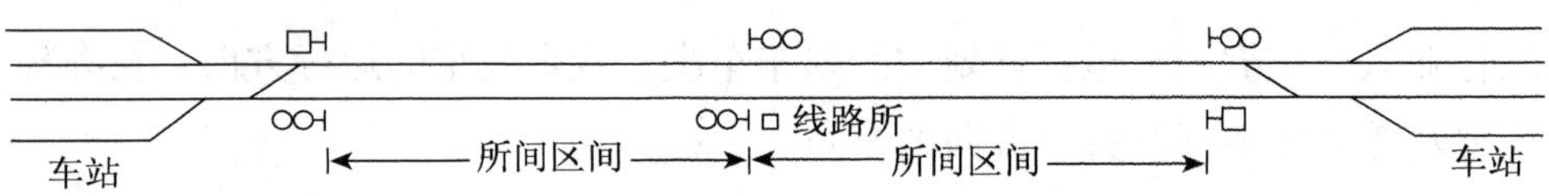

图 2-3　双线铁路所间区间

3. 闭塞分区

自动闭塞区间同方向相邻的两架色灯信号机间，以该线上的通过信号机柱的中心线为闭塞分区的分界线。双线铁路自动闭塞分区如图 2-4 所示。

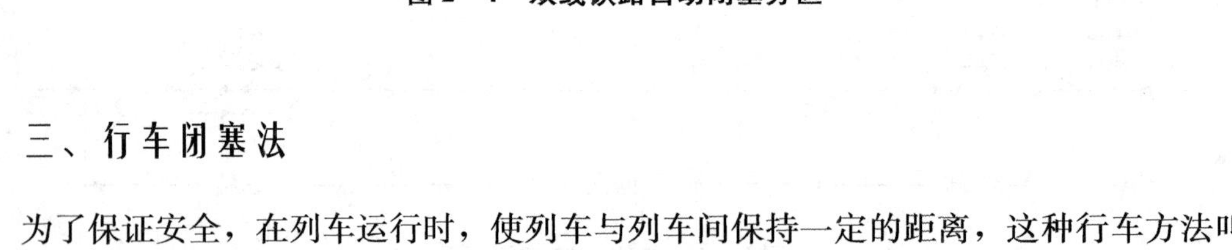

图 2-4　双线铁路自动闭塞分区

三、行车闭塞法

为了保证安全，在列车运行时，使列车与列车间保持一定的距离，这种行车方法叫做行车闭塞法。我国铁路行车闭塞法分为基本闭塞法和代用闭塞法。基本闭塞法采用自动闭塞、自动站间闭塞、半自动闭塞三种。电话闭塞法是当基本闭塞设备不能使用时，根据列车调度员的命令所采用的代用闭塞方法。

从列车运行间隔角度出发，行车闭塞法又可分为有两种：一种是空间间隔法，一种是时间间隔法。

1. 空间间隔法

空间间隔法，也叫距离间隔法，是指在一个站间区间、所间区间或闭塞分区在同一时间内，只准一列列车运行的方法。空间间隔法有以下优点：

(1) 由于铁路线路划分成若干个区间或闭塞分区，在一定时间内每一区间（闭塞分区）都可以开行列车，这样可提高通过能力。

(2) 由于在车站都有为列车到、发、会让而铺设的配线，可保证列车安全会让。

(3) 由于在一个区间（闭塞分区），只准许一个列车运行，列车可按规定的速度在区间运行，这样既能提高列车速度，又能加速机车车辆周转。

(4) 有的区段在干线上设立了线路所，对提高通过能力，也起到一定作用。

基于空间间隔法有以上优点，我国铁路正常行车采用空间间隔法。当基本闭塞设备良好时，均可实现空间间隔运行。

2. 时间间隔法

时间间隔法是指在一个区间，按规定的时间，将同方向运行的列车彼此间隔开运行的方法。

由于用时间间隔列车，没有设备上的控制，容易发生事故，安全性较差。所以采用这种间隔放行列车只有在特殊情况下（如临时性的缓解列车堵塞、事故起复后的车流疏散，战时行车等）采用。

四、发车作业程序

发车作业简要程序如图 2-5、图 2-6 所示。

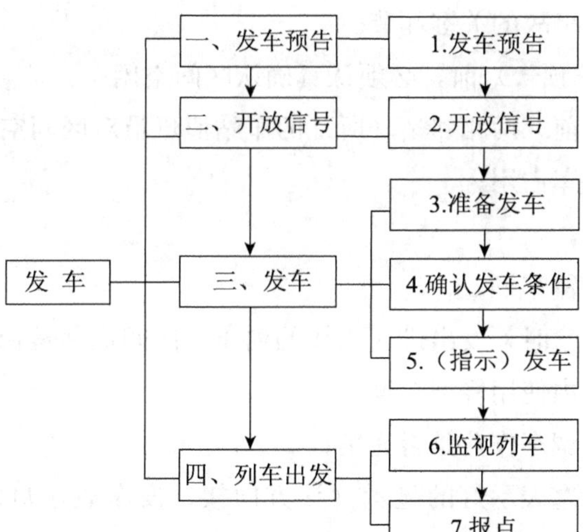

图 2-5　TB 1500.1 发车程序

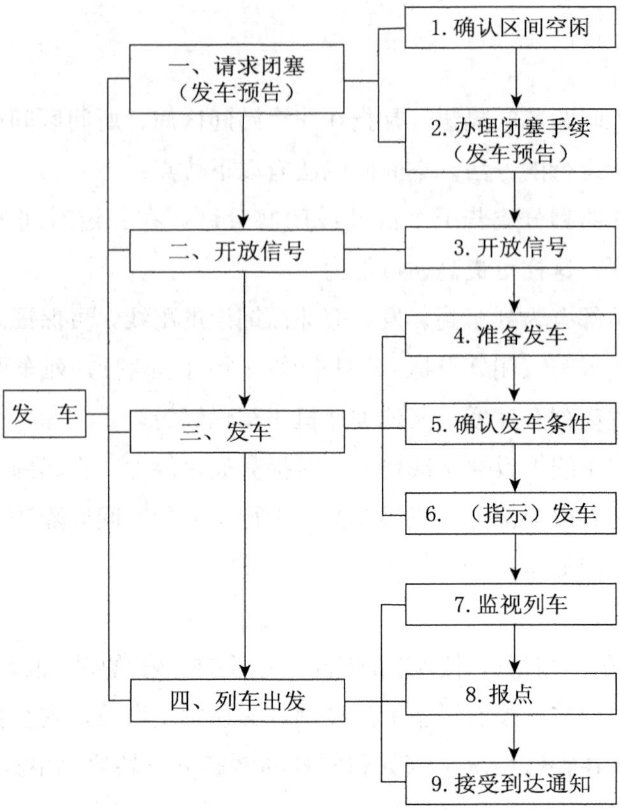

图 2－6　TB 1500.3 发车程序

（一）请求闭塞（发车预告）

办理列车闭塞（预告）是接发列车作业的首要环节，是列车取得区间占用权的重要环节，也是较易发生列车事故的关键环节。

1. 办理闭塞（发车预告）前，必须认真确认区间空闲

办理闭塞（预告）前，两相邻站（所）的车站值班员对区间空闲应确认以下各项：

（1）区间是否有列车占用；

（2）区间是否封锁；

（3）区间是否有遗留车辆；

（4）区间内设有道岔时，发出进入正线的列车，区间道岔是否向正线开通并锁闭；

（5）是否同意区间内使用轻型车辆；

（6）出站（跟踪）调车作业是否完毕；

（7）查看控制台闭塞表示灯的显示（该方向接、发车表示灯均熄灭）或表示牌的揭挂，以及行车日志的填记；

（8）其他占用区间的情况。

2. 办理闭塞（发车预告）时，车次必须准确清晰

如遇有超长、超限列车，单机挂车及列尾装置灯光熄灭的列车，发车站应通知前方接车站，以便接车站做好接车准备。

3. 办理闭塞（发车预告）时，用语必须准确完整

办理闭塞（预告）及承认闭塞时，均须严格执行《接发列车作业标准》用语，如向接车站发出"×（次）预告"、"×（次）闭塞"，并听取接车站"同意×（次）闭塞"用语等。

4. 办理闭塞（发车预告）时，必须正确操纵控制台有关按钮

在自动闭塞区段，正方向行车不需操作任何设备办理闭塞（预告），两站通过联系即可。

在半自动闭塞区段，办理闭塞必须操作闭塞设备。坚持一确认（区间空闲）、二按（闭塞按钮）、三听（铃响）、四看（黄灯变绿）的操作规定。发车站必须先联系接车站请求闭塞得到同意后，再按闭塞按钮，确认闭塞表示灯亮黄灯。待闭塞表示灯亮绿灯，闭塞手续才办妥。

（二）布置与准备发车进路

正确及时地准备好列车进路是接发列车作业中的关键。车站值班员根据列车调度员下达的列车运行调整计划，按顺序安排接发列车的车次。

1. 布置发车进路

车站值班员必须亲自布置和听取进路准备妥当的报告。

（1）布置内容

车站值班员应向有关人员讲清车次和占用线路（由某股道出发）。如果车站一端有两个及其以上列车运行方向或双线反方向行车时，还应讲清方向、运行线路。

（2）布置要求

①按《站细》规定时间，正确及时地布置进路。

②布置进路应使用《接发列车作业标准》规定的用语，不得简化。布置进路的命令不能与其他作业的命令、通知一起下达。如"×（次）×道发车，开放信号"。

③受令人复诵。当两个及其以上人员同时接受准备进路的命令时，应指定其中一人复诵。车站值班员要认真听取复诵，核对无误后，方可命令"执行"。

2. 准备发车进路

信号员、扳道员必须按车站值班员布置的发车进路命令，核对占线板后正确及时地准备进路。扳道员于发车进路准备完或信号开放后，除从设备上检查确认外，还应及时向车站值班员报告。

办理发车进路时，操作按钮必须执行"眼看、手指、口呼"。如 6502 电气集中联锁设

备在控制台上眼看、手指进路始端按钮，口呼："×道"，按压按钮；再眼看、手指进路终端按钮，口呼："出站"，按压按钮。如计算机联锁设备在显示器上眼看、鼠标手指进路始端按钮，口呼："×道"，点压按钮；再眼看、鼠标手指进路终端按钮，口呼："出站"，点压按钮。

3. 确认发车进路

发车进路正确与否，直接影响列车出站运行安全，车站值班员应做到：

（1）确认影响发车进路的调车作业已停止

影响接发车进路的调车作业是指：

①占用或穿越接发车进路的调车作业。

②接发超限货物列车进路的线路上，当线路间距不足5000mm时，邻线上的调车作业。

③接发非超限货物列车进路的线路上，当线路间距不足5000mm时，邻线上调动装载超限货物的车辆的调车作业。

④接发旅客列车时，能进入接发车进路的线路没有隔开设备的调车作业。

停止影响发车进路的调车作业时间，应遵守《站细》规定。车站接发列车时，上述各种影响列车进路的调车作业，必须在《站细》规定的时间确实停止，严禁"抢购"作业，严格遵守"调车作业必须服从于接发列车"这一行车工作原则，以保证列车运行安全、正点。

（2）确认发车进路上道岔位置正确，需加锁的道岔已经加锁

①根据信号员或扳道员进路准备好了的报告并通过控制台上的光带确认。

②当联锁失效或在无联锁线路接发列车时，按《站细》规定的办法准备进路（包括汇报道岔加锁情况）。

（三）开放出站信号机（行车凭证）

信号是指示列车运行的命令。自动闭塞、自动站间闭塞、半自动闭塞法行车时，出站（进路）信号机上显示的准许列车运行的各种进行信号，均为列车的行车凭证。为此，操纵信号设备时，必须慎重。

1. 行车凭证

铁路行车凭证是列车进入区间或闭塞分区的凭据。正常情况下出站信号机开放相应的信号显示，列车就已经获得了相应的行车凭证，具备发车的条件之一。非正常情况下列车出发的行车凭证可能不仅有出站信号机开放的信号显示，还要有其他书面的行车凭证，才具备发车的条件。

铁路行车凭证可分为两大类：一类是基本闭塞法时的行车凭证，自动闭塞、半自动闭塞的出站或通过信号机显示的进行信号；另一类是绿色许可证、调度命令或车站值班员命

令、当基本闭塞法停止使用后采用电话闭塞法的路票、一切电话中断时的红色许可证等。无论采用何种行车凭证，都必须保证在同一时间内一个区间或一个闭塞分区（封锁区间施工开行路用列车、跟踪出站调车等特定情况除外），只有一个列车运行。

（1）自动闭塞正常条件下的行车凭证

自动闭塞（包括三显示自动闭塞和四显示自动闭塞）把两站间的线路划分为若干闭塞分区，每个闭塞分区运行一个列车，因而不必等前行列车到达前方站，车站即可发出续行列车，列车密度大大增加，提高了通过能力。由于区间线路上全部装设了区间空闲检查设备（轨道电路或计轴器），当有机车、车辆占用或钢轨折断时，都可以自动地使通过信号机显示停车信号，对列车在区间的运行安全有可靠的保证。

使用自动闭塞法行车时，列车进入闭塞分区的行车凭证为出站或通过信号机的黄色灯光、绿黄色灯光或绿色灯光。特快旅客列车由车站通过时，为出站信号机的绿黄色灯光或绿色灯光，遇站间未设通过信号机时，发出列车的行车凭证由铁路局规定。

（2）自动站间闭塞正常条件下的行车凭证

使用自动站间闭塞法行车时，列车凭出站信号显示的进行信号进入区间。自动站间闭塞须与集中联锁设备结合使用，采用轨道检查装置自动检查区间空闲，发车站办理发车进路后即自动构成站间闭塞。列车到达接车站或返回发车站并出清区间后，自动解除闭塞。发车站在办理发车进路前，须确认区间空闲、接车站未办理同一区间的发车进路，并向接车站预告。发车站已向接车站预告，但列车不能出发时，在取消发车进路后，须通知接车站。

（3）半自动闭塞正常条件下的行车凭证

使用半自动闭塞法行车时，列车凭出站信号机或线路所通过信号机显示的进行信号进入区间。开放出站信号机或通过信号机前，双线区段必须得到前次列车到达前方站的到达信号；单线区段必须得到接车站的同意闭塞信号。

发车站办理闭塞手续后，列车不能出发时，应将事由通知接车站，取消闭塞。

半自动闭塞区段，遇超长列车头部越过出站信号机而未压上出站方面的轨道电路发车时，行车凭证为出站信号机显示的进行信号，并发给司机调度命令。

2. 开放出站信号机的时机

开放出站信号的时机，需根据出站信号机开放后至列车启动前办理全部作业所需的时间确定。这些作业包括助理值班员确认出站信号机的开放状态、确认发车条件、显示发车指示信号的时间；司机确认发车信号、出站信号以及启动列车的时间；有运转车长值乘时，还应包括运转车长确认信号、确认发车条件完全具备，显示发车信号等的时间。

在电气集中联锁和计算机联锁设备正常情况下，发车进路锁闭后出站信号机即开放。

信号员确认光带、信号显示正确，口呼“信号好（了）”，车站值班员听到信号员报告后检查确认，应答“×道出站信号好（了）”。

3. 正确办理出站车机联控

车机联控是车务、机务等行车有关人员利用列车无线调度通信设备，按规定联络，确认行车要求，提示行车安全信息，确保行车安全的互控措施。

车机联控将列车调度员、车站值班员、司机、运转车长均列入联控范围，围绕着列车运行的安全正点，每个人既是参加作业人员，又是安全工作的检查员。每个车站、每趟列车及每个岗位，都进入联控范围之中，实现了司机“问路行车”、车站值班员“指路行车”、运转车长“联系行车”，从而强化了行车工作的整体安全。

为加强车机联控工作，规范安全管理，铁道部制定了车机联控标准（TB/T 3059—2002)，该标准对车机联控的设备、人员、信息、作业程序和用语等作了具体规定，参加车机联控的单位和人员均应严格执行。

（1）基本要求

车机联控必须“站站列列呼唤应答”；联控作业程序应规范；用语要准确、清晰并使用普通话。

联控用语中，动车组称为“动车×次”，直达特快旅客列车称为“客车直×次”，特快旅客列车客车称为“客车特×次”，快速旅客列车称为“客车快×次”，普通旅客列车称为“客车×次”，临时旅客列车称为“客车临×次”，旅游列车称为“客车游×次”，行包快运列车称为“行××次”，货运列车称为“×次”等。

（2）发车作业标准（与车站接发列车作业人员有关部分）

列车站内停车再开或列车始发时，出站信号机开放后的车机联控程序及用语如表 2－1 所示。

表 2－1　列车站内停车再开或列车始发时，出站信号机开放后的车机联控程序

呼叫时机	作业用语		
	作业人	车站值班员	列车司机
列车站内停车再开或列车始发时，信号机开放后	呼叫人	××（次）×道出站信号好了	
	被呼叫人		××（次）×道出站信号好了，司机明白

注：有两个及以上运行方向的车站，应在联控用语中增加“去××方向”。

（四）指示发车或发车

《技规》第 288 条　列车在发车前，有关人员应做到：

1. 发车进路准备妥当，行车凭证已交付，出站（进路）信号机已开放，发车条件完备后，车站值班员（助理值班员）方可显示发车信号或向运转车长显示发车指示信号。

2. 运转车长得到发车指示信号后，确认列车已完全具备发车条件，方可向司机显示发车信号；发车人员应依式中转运转车长的发车信号。

3. 司机必须确认占用区间行车凭证及发车信号或发车表示器显示正确后，方可启动列车。

4. 因曲线等关系，司机难以确认运转车长发车信号时，经铁路局指定的车站，可由发车人员直接向司机显示发车信号。

5. 单机、动车、重型轨道车及无运转车长值乘的列车，均由发车人员直接向司机显示发车信号。

6. 通信记录装置良好的车站，单机、动车、重型轨道车及无运转车长值乘的列车，准许使用列车无线调度通信设备发车。

第 289 条　列车在站内临时停车，待停车原因消除且继续运行时，应按下列规定办理：

1. 司机主动停车时，自行启动列车。

2. 其他列车乘务人员使用紧急制动阀停车时，由运转车长（无运转车长为车辆乘务员）通知司机开车。

3. 车站接发列车人员使列车在站内临时停车时，由车站按规定发车。

4. 其他原因的临时停车，车站值班员应会同司机、运转车长、车辆乘务员等查明停车原因，在列车具备运行条件后，由车站按规定发车。

上述第 1、第 2、第 4 项，司机应向车站值班员报告停车原因。

1. 立岗发车

列车从车站出发，必须由接发列车有关人员在室外立岗发车。目的检查列车出发条件，监视列车出站运行状态，及时处理危及行车安全的问题。

(1) 发车人员应携带列车无线调度通信设备、持手信号旗（灯），在《站细》规定的地点立岗发车。

(2) 注意列车运行和货物装载状态，发现车辆燃轴、抱闸、制动梁脱落、货物窜动或倾斜、倒塌等危及行车安全时，要立即采取措施。

(3) 与旅客列车运转车长互对信号。对通过或出发列车，当列车运行正常，货物装载无异状时，接发列车人员应与运转车长显示互检信号并进行车机联控，如表 2 - 2 所示。发现旅客列车尾部标志灯光熄灭时，应通知运转车长整理。自动闭塞区段列车是追踪运行的，夜间尾部标志灯光熄灭时，对列车运行安全影响更大，通知不到时，应使列车停车整理。如发现列车运行或货物装载状态有异状时，要立即采取措施。发现货物列车列尾装置丢失时，应报告列车调度员，使列车在前方站停车处理。

表 2－2　特快（双层）旅客列车通过车站时的车机联控程序

<table>
<tr><td rowspan="2">呼叫时机</td><td colspan="3">作业用语</td></tr>
<tr><td>作业人</td><td>车站助理值班员</td><td>运转车长</td></tr>
<tr><td rowspan="2">特快（双层）旅客列车在车站通过时</td><td>呼叫人</td><td>客车××（次）车长，××站运行正常</td><td></td></tr>
<tr><td>被呼叫人</td><td></td><td>客车××（次）运行正常，车长明白</td></tr>
</table>

【案例】 ××年××月××日，××站助理值班员，在接 22506 次通过列车时，由于其认真立岗严密监视，发现列车第 27 位车辆燃轴，立即显示停车手信号，司机紧急制动停车。之后，在将该故障车调到装卸线 6 道时，发生了车辆断轴。

2. 指示发车或发车

列车出发前，车站值班员、助理值班员确认发车进路准备妥当，影响列车进路的调车作业已经停止，方可开放出站（进路）信号机、交付行车凭证，并确认旅客上下，行包装卸和列检作业完毕后，方可显示发车信号或向运转车长显示指示发车。否则，极易产生问题。

运转车长得到发车指示信号后，出站信号机已开放，风表压力达到规定标准，并确认发车指示信号后，方可向司机显示发车信号或开放发车表示器。发车人员应依式中转运转车长的发车信号。

【案例】 ××年××月××日，××站。由于 L145 次客车底调送晚点，列车调度员催促赶点。发车时，助理值班员误认其他人员的圆形手势为“好啦”信号（列检试风作业实际尚未完毕），即给信号开车。结果，L145 次司机也疏忽，使风表悬挂尾端出发，途中风表撞击破碎又致使列车区间停车 3min。构成一般行车事故，车站负主要责任。

因曲线等原因，司机难以确认运转车长显示的发车信号时，在铁路局指定的车站（站名在《行规》内公布），可由发车人员直接向司机显示发车信号。发车人员与运转车长的联系办法和防止运转车长漏乘的措施等，由铁路局制定并纳入《行规》。

（1）确认发车条件

①确认影响列车进路的调车作业已经停止；

②确认发车进路准备妥当；

③确认出站信号机开放；

④确认旅客上下，行包装卸和列检作业完毕。

（2）指示发车或发车

1）有运转车长值乘的列车

有运转车长值乘的列车由运转车长发车。车站（助理）值班员确认发车条件具备后向运转车长显示发车指示信号；运转车长得到发车指示信号后，确认出站信号机已开放，风表压力达到规定标准，并确认发车指示信号后，向司机显示发车信号或开放发车表示器。通信记录装置良好利用无线调度电话直接发车时车机联控程序及用语如表 2－3 所示。

表 2－3　　有运转车长值乘的列车

呼叫时机	作业用语			
	作业人	车站（助理）值班员	运转车长	列车司机
通信记录装置良好的车站，列车发车条件具备后	呼叫人	××（次）运转车长，×道准许发车		
	呼叫人		××（次）司机，我是××（次）运转车长，×道发车	
	被呼叫人			××（次）×道发车，司机明白

因曲线等原因，司机难以确认运转车长显示的发车信号时，可由发车人员应依式中转运转车长的发车信号或按铁路局《行规》规定由发车人员直接向司机显示发车信号。

2）单机、动车、重型轨道车及无运转车长值乘的列车

单机、动车、重型轨道车及无运转车长值乘的列车由车站直接发车，可使用列车无线调度通信设备代替手信号发车。通信记录装置良好利用无线调度电话直接发车时车机联控程序及用语如表 2－4 所示。

车站（助理）值班员确认具备发车条件具备并在《站细》规定位置立岗后呼叫"××（次），×道发车"；

值乘司机回答"××（次），×道发车，司机明白"后，确认发车条件及出站（进路）信号机显示进行信号即可开车。

表 2－4　　无运转车长值乘的列车

呼叫时机	作业用语		
	作业人	车站（助理）值班员	列车司机
通信记录装置良好的车站，无运转车长值乘的列车发车条件具备后	呼叫人	××（次）×道发车	
	被呼叫人		××（次）×道发车，司机明白

3）装设发车表示器的车站发车

在设有发车表示器的车站，按发车表示器显示发车。

①出站信号机开放后，发车人员所在地点（雨棚柱或发车线间的发车柱上）的发车指示信号按钮处亮一白灯。发车人员确认发车条件具备后，按压“发车指示按钮”，白灯熄灭，而列车尾部附近发车按钮处的发车指示灯亮白灯。

②运转车长确认发车条件具备后，按压发车按钮，白灯熄灭，而司机附近的发车表示器向前后亮一白灯。

③司机确认出站信号机已开放并确认发车表示器亮一白灯后开车。

④列车出发，当出站信号机关闭后，发车表示器自动熄灭。

（五）通知发车时刻与报点

1. 确定列车出发时刻

(1) 出发时刻，以列车机车向前进方向启动，列车在站界内（场界内）不再停车为准；

(2) 列车全部发出站界后，因故退回车站再次出发时，则以第一次出发时刻为准；

(3) 在分界站向邻局出发时，则以最后发出时刻为准。

2. 通知发车时刻与报点

列车出发后，车站值班员应立即通知接车站列车出发时刻并填写“行车日志”（TDCS系统报点有关规定办理），向列车调度员报点。

【任务实施与评价】

1. 下发任务单，明确任务内容及考核方式，学生课前按要求完成预习任务；
2. 教师讲解理论知识点，学生分组讨论任务，确定任务实施方式和人员分工；
3. 通过角色扮演的方式完成任务情景模拟；
4. 教师和各组长担当本次任务的他人评价工作，在角色问答中评判同学们任务完成情况。

技能检测

1. 什么是行车闭塞法？
2. 区间如何划分？
3. 基本闭塞法的行车凭证有哪些？
4. 发车作业有哪些内容？
5. 发车条件有哪些？
6. 完成任务书。

学习任务2　接车作业

任务描述

本次任务需要你作为一名车站值班员能面对列车，独立判定双线反方向或改按单线行车情况及条件，包括明确行车特点及条件、发生的时机、运行条件变化处理程序、确定接发列车方法，选择并执行接发列车作业程序标准等，并能依据规章规定条理清晰地说明你的理由。具体任务见任务单所示。

任　务　单

1. 甲—乙为双线单向自动闭塞区间，甲乙两站均配备信号员。甲站开往乙站列车12345次，乙站开往甲站列车1106次，请甲、乙两站分别办理接车作业。

2. 乙—丙为双线双向自动闭塞区间，乙丙两站均配备信号员。乙站开往丙站列车K1156次。丙站乙站开往列车T699次列车，请乙、丙两站分别办理接车作业。

3. A—B为单线半自动闭塞区间，AB两站均配备信号员。A站开往B站列车1045次车，B站开往A站列车31106次，请A、B两站分别办理接车作业。

知识准备

接车作业是将列车由区间接入车站，由车站值班员岗位群依据列车运行计划中，邻站发出的列车，借助各种行车设备才能实现。

一、接车作业的内容

1. 定义

接车作业是指接车站从承认邻站发车时起，至列车全部到达本站停于警冲标内方，并办完开通区间有关作业为止的一段时间内所办理的全部作业。

接车作业是结合发车站发车安排进行的，但也要核对运行计划，以确保接车安排无差错。

2. 确定接发车顺序

在车站办理接发列车作业时，经常会遇到两个列车在站内相对方向同时接车或同方向同时发接列车的情况。为保证接发列车作业的安全，车站值班员应根据进站方向的坡度、接车线末端有无隔开设备、闭塞方式及列车性质，按《技规》和铁路局有关规定，确定车站能否办理相对方向同时接车或同方向同时发接列车。

(1) 相对方向同时接车

相对方向同时接车，指自车站一端开放进站信号机至列车全部进入接车线警冲标内方停妥的时间内，也开放另一端的进站信号机，接入相对方向的列车。

(2) 同方向同时发接列车

同方向同时发接列车，指自车站一端开放出站（进站）信号机至列车全部出站（进入接车线警冲标内方停妥）的时间内，也开放另一端的进站（出站）信号机，接入（发出）相同方向的列车。

(3) 隔开设备

隔开设备是指将一条进路与另一条进路隔离开，使两条进路的接发列车作业互不干扰的设备，包括安全线、避难线以及能起隔开作用的道岔。此外连接接车线末端道岔的无机车车辆占用的牵出线、货物线、岔线也可以作为隔开设备使用。

相对方向同时接车时，当一端列车为全部进入接车线警冲标内方，而另一端列车越过接车线末端警冲标，若无隔开设备就有发生冲突的可能；同方向同时发接列车时，当发出列车尚未全部驶出车站，而另一端进站列车越过接车线末端的警冲标，若无隔开设备，也可能发生冲突。因此，为保证车站接发列车的效率和作业安全，应根据进站方向的坡度、接车线末端有无隔开设备、车站及列车的性质，确定车站能否办理相对方向同时接车或同方向同时发接列车。

(4) 禁止办理相对方向同时接车和同方向同时发接列车的情况

①进站信号机外制动距离内，进站方向为超过 6‰的下坡道，而接车线末端无隔开设备；如图 2-7、图 2-8 所示。列车在超过 6‰的下坡道运行时，下滑力超过运行阻力。如司机不能正确施行制动时，列车进站时可能越过接车线末端警冲标。若接车线末端无隔开设备，就有可能与正在进站的对向列车或正在出站的同向列车发生冲突。

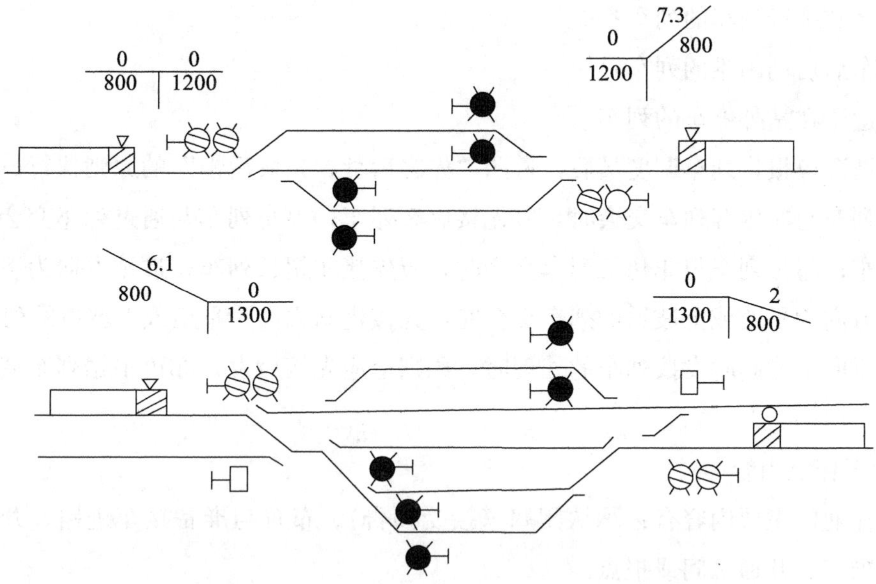

图 2－7　禁止相对方向同时接车示意

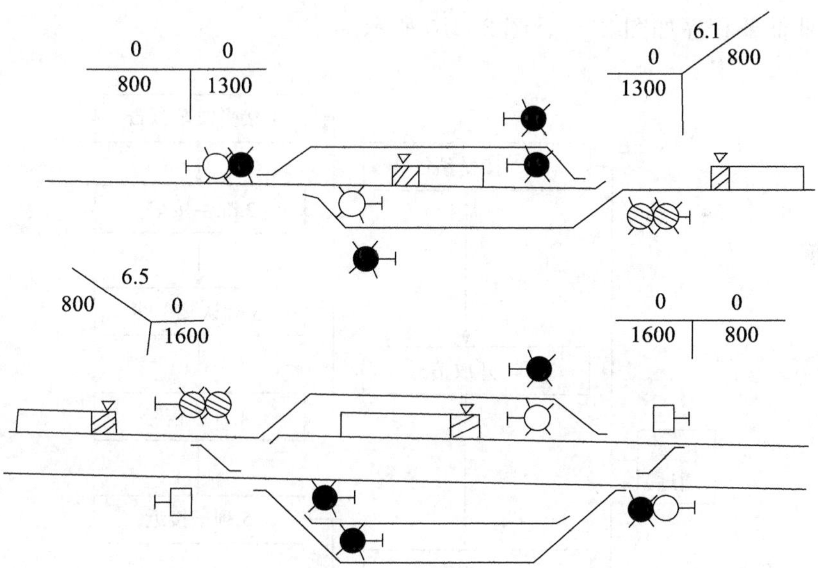

图 2－8　禁止同方向同时发接列车示意

②在接、发客运列车的同时，接入列车运行监控记录装置发生故障的列车而接车线末端无隔开设备（单机、动车及重型轨道车除外）。

（5）接发车顺序

相对方向两列车同时接近车站而不能同时接车时，应先将一个方向的列车接入站内停于接车线末端警冲标内方后，再接入另一列车。在确定先后顺序时，应先接如下列车：

①后面有续行列车的列车；

②停车后启动困难的列车；

③不适于在站外停车的列车。

其他情况应报告列车调度员后，遵照“先客后货，先快后慢”的原则执行。一般可考虑：旅客列车与非旅客列车交会时，应先接旅客列车；停车列车与通过列车交会时，应先接停车列车；超长列车与非超长列车交会时，应先接非超长列车；进站方向为下坡道的列车与进站方向为平道或上坡道的列车交会时，先接进站方向为平道或上坡道的列车。

遇同方向不能同时发接列车的处理时，原则上应先接后发，亦可根据列车调度员的指示办理。

3. 接车作业内容

接车作业的主要内容有：承认闭塞（接受预告）、布置与准备接车进路、开放进站信号、接送列车、开通区间或报点。

二、接车作业程序

接车作业简要程序如图 2－9、图 2－10 所示。

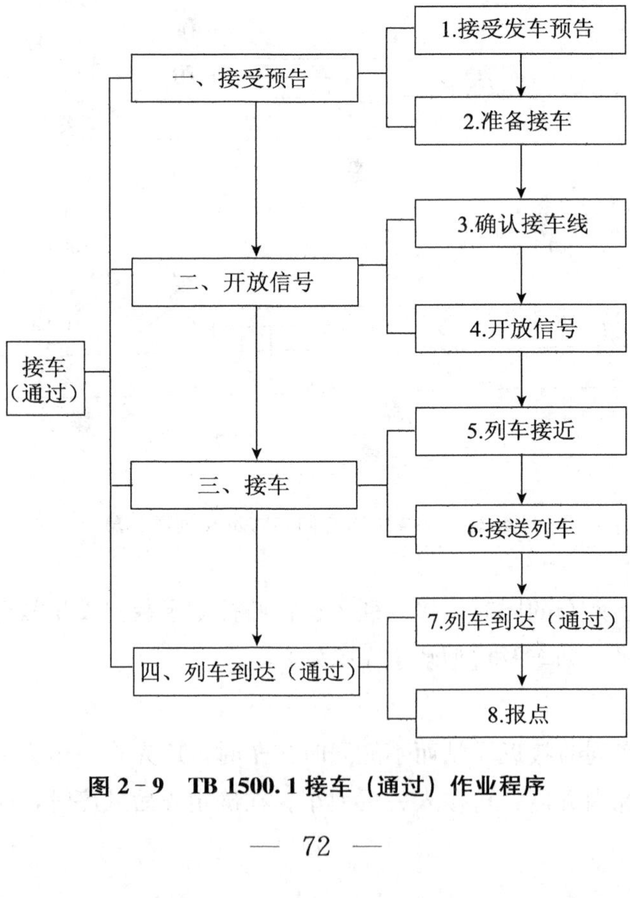

图 2－9　TB 1500. 1 接车（通过）作业程序

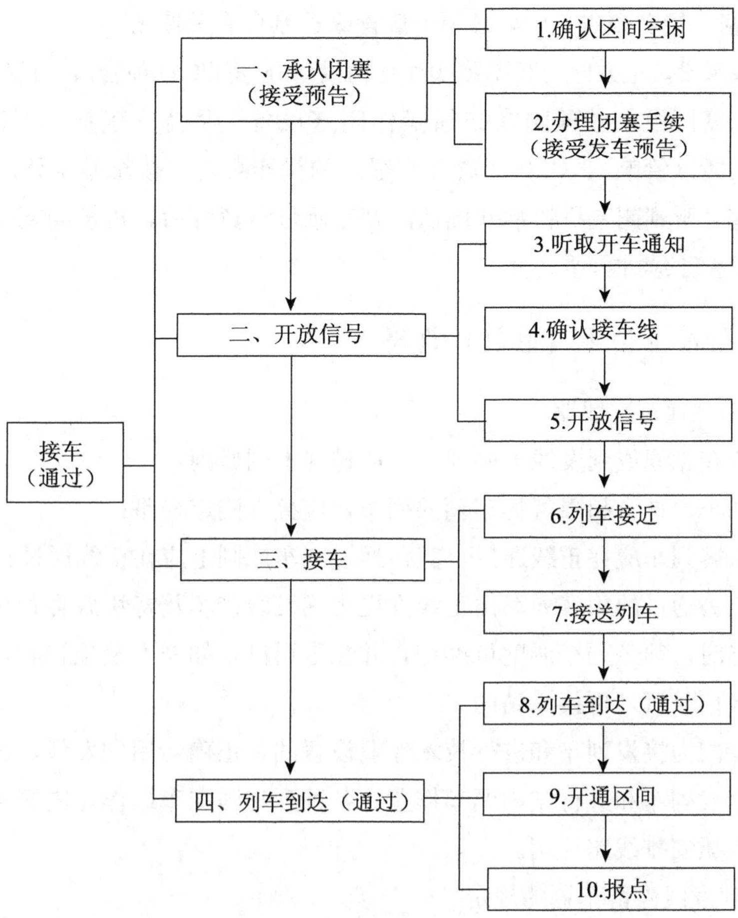

图 2－10　TB 1500.3 接车（通过）作业程序

三、接受预告（承认闭塞）

1. 承认闭塞（接受预告）前，必须确认区间空闲

接车站在配合发车站请求闭塞（发车预告），也要确认区间确实空闲，方可同意闭塞。

2. 承认闭塞（接受预告）时，车次必须准确清晰

接车站与发车站办理闭塞时，必须将车次确认清楚，同时要按列车运行计划核对车次、时刻、命令、指示，必要时与列车调度员联系。

3. 承认闭塞（接受预告）时，用语必须准确完整

承认闭塞（接受预告）及时，均须严格执行《接发列车作业标准》用语，如复诵发车站发出“×（次）预告”，或听取发车站“×（次）闭塞”请求后，发出“同意×（次）闭塞”用语等。

4. 承认闭塞（接受预告）时，必须正确操纵控制台有关按钮

在自动闭塞区段，正方向行车不需操作任何设备办理闭塞（预告），与发车站联系即可。

在半自动闭塞区段，办理闭塞必须操作闭塞设备。坚持一确认（区间空闲）、二按（闭塞按钮）、三听（铃响）、四看（黄灯变绿）的操作规定。接车站承认闭塞时，必须先同意发车站闭塞，听到闭塞机铃响并确认闭塞表示灯亮黄灯后，再按闭塞按钮。待闭塞表示灯亮绿灯，闭塞手续才办妥。

四、布置与准备接车（通过）进路

1. 确定接车（通过）线路

接发列车应在正线或到发线上办理，并应遵守下列原则：

（1）旅客列车、挂有超限货物车辆的列车，应接入固定线路；

（2）特快旅客列车应在正线通过，其他通过列车原则上应在正线通过；

（3）原规定为通过的旅客列车由正线变更为到发线接车及特快旅客列车遇特殊情况必须变更基本进路时，须经列车调度员准许，并预告司机；如来不及预告时，应使列车在站外停车后，开放信号机，再接入站内。

到发线是专门为接发列车和进行技术作业设置的。正确运用到发线，可以保证车站安全有条不紊地接发列车和进行站内调车作业。各种列车因在车站作业内容不同，须结合作业条件和列车性质安排线路使用。

2. 正线、到发线停留车辆的规定

车站值班员应保证有不间断接车的空闲线路。

（1）正线上不得停留车辆。正线是列车通过车站的线路，正线上停留车辆会影响列车运行，若列车改经道岔侧向通过车站，则会产生不安全因素。

（2）到发线停留车辆时，须经车站值班员准许，在中间站上并须取得列车调度员的准许方可占用，该线路的两端道岔应扳向不能进入的位置并加锁（装有轨道电路除外）。

当车站到发线上停留车辆时，须经车站值班员准许，以免影响接车工作。中间站的到发线经常办理列车会让，若必须停留车辆时，除须经车站值班员准许外，并须得到列车调度员的同意，以便列车调度员在运行调整中全面考虑。

停有车辆的到发线的两端道岔，应扳向机车车辆不能进入该线的位置并加锁。当车站为集中联锁或到发线装有轨道电路时，道岔可不加锁。

中间站停留车辆，无论停留线路是否有坡道，均应连挂在一起，拧紧两端车辆的人力制动机，并以铁鞋（止轮器、防溜枕木等）牢靠固定。因装卸车对货位等情况，不能连挂在一起时，应分组做好防溜措施。

3. 布置接车（通过）进路

车站值班员必须亲自布置和听取进路准备妥当的报告。

（1）布置内容

车站值班员应向有关人员讲清车次和占用线路（接入某股道）。如果车站一端有两个及其以上列车运行方向或双线反方向行车时，还应讲清方向、运行线路。

（2）布置要求

①按《站细》规定时间，正确及时地布置进路。

②布置进路应使用《接发列车作业标准》规定的用语，不得简化。布置进路的命令不能与其他作业的命令、通知一起下达。如接车站值班员听取发车站值班员开车通知后，命令信号员："×（次）×道停车（通过），开放信号"。

③受令人复诵。当两个及其以上人员同时接受准备进路的命令时，应指定其中一人复诵。车站值班员要认真听取复诵，核对无误后，方可命令"执行"。

4. 准备接车（通过）进路

信号员、扳道员必须按车站值班员布置的接车（通过）进路命令，核对占线板后正确及时地准备进路。扳道员于接车（通过）进路准备完了或信号开放后，除从设备上检查确认外，还应及时向车站值班员报告。

办理接车（通过）进路时，操作按钮必须执行"眼看、手指、口呼"。如 6502 电气集中联锁设备在控制台上眼看、手指进路始端按钮，口呼："进站"，按压按钮；再眼看、手指进路终端按钮，口呼："×道"（正线通过时，口呼："出站"），按压按钮。如计算机联锁设备在显示器上眼看、鼠标手指进路始端按钮，口呼："进站"，点压按钮；再眼看、鼠标手指进路终端按钮，口呼："×道"（正线通过时，口呼："出站"），点压按钮。

5. 确认接车（通过）进路

接车（通过）进路正确与否，直接影响列车进站运行安全，车站值班员应做到：

（1）确认接车线路空闲

确认接车线路空闲系指接车线无封锁施工，无机车、车辆、动车、重型轨道车以及轻型车辆、小车及其他能造成脱轨的障碍物。车站在准备列车的接车进路或通过进路时，首先必须确认接车（通过）的线路空闲，以防止线路上存有机车、车辆及其他危及列车运行安全的障碍物等，防止俗称"有车线接车"的行车事故。

车站作业人员对接车（通过）进路空闲的检查，其确认方法如下：

①在设有轨道电路的车站，通过控制台上股道占用光带或股道占用表示灯确认，此外还需要注意现场确认有无轻型车辆、小车及线路附近有无能使列车脱轨的障碍物：但是车站新铺轨、更换轨或较少使用的线路，由于轨面锈痕较厚，接触不良，轮缘在设有轨道电路的轨面上走行，反映在控制台的表示灯有时会出现时隐时现的现象；个别车辆在线路上

停留时，甚至控制台表示灯无显示，该股道的进站信号仍可开放，这种事故隐患是相当危险的。因此，车站遇有这类情况的线路时，务必加强新用时期的安全措施，明确“接车线空闲”的检查办法。

②未设轨道电路或轨道电路发生故障时，由接发列车人员现场确认接车线路是否空闲。

③查看股道占用揭示板。

(2) 确认接车进路上道岔位置正确，需加锁的道岔已经加锁

①根据信号员或扳道员进路准备好了的报告并通过控制台上的光带确认。

②当联锁失效或在无联锁线路接发列车时，按《站细》规定的办法准备进路（包括汇报道岔加锁情况）。

(3) 确认影响接车进路的调车作业已停止（同发车作业）

五、开放进站信号机

进站信号机开放后，不同的信号显示，表示列车进站运行的条件不同。当列车接近车站时，司机会确认并按照进站信号显示控制列车进站或机外停车。为了不影响列车进站或通过，车站应在列车到达前按《站细》规定的时间开放进站信号机。

进站信号机开放后即锁闭有关进路上的道岔，过早开放就会过早占用咽喉区，影响站内其他作业；晚开放就可能造成列车在信号机外减速或停车。

开放进站信号机最理想的时机是当列车运行至预告信号机外方时，进站信号即开放。如图 2-11 所示。

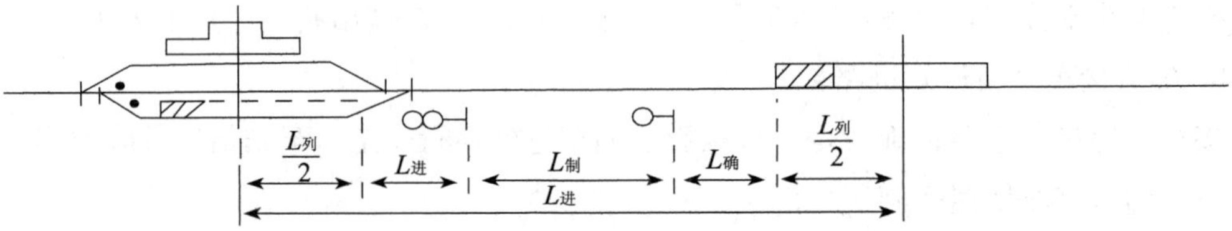

图 2-11　开放进站信号时列车运行的位置

开放进站信号的时间（$t_{开}$）等于列车从预告信号机外方运行至车站中心线或停于警冲标内方的进站走行时间（$t_{进}$），即：$t_{开}=t_{进}=\frac{L_{确}+L_{进}+L_{制}+L_{列}}{v_{进}}\times 0.06$（min）

式中，$L_{确}$——司机确认预告信号的距离（m）；

$L_{制}$——列车制动距离（m）；

$L_{进}$——进站信号机至接车线始端警冲标的距离（m）；

$L_{列}$——列车长度（m）；

$v_{进}$——列车进站平均速度（km/h）；

0.06——km/h 换算为 m/s 的单位换算系数。

进站信号为臂板信号机的车站，还要增加操纵信号和确认信号开放状态的作业时间（$t_{作业}$），即：$t_{开}=t_{作业}+t_{进}$（min）

在电气集中联锁和计算机联锁设备正常情况下，接车进路锁闭后进站信号机即开放。

信号员确认光带、信号显示正确，口呼“信号好（了）”，车站值班员听到信号员报告后检查确认光带、信号显示正确，口呼：“×道进站信号好（了）”。

六、正确办理车机联控

列车接近车站时，司机会主动呼叫车站问路，车站值班员应正确指路。当列车在站外停车，信号开放后，车站值班员应主动呼叫司机联控。特快（双层）旅客列车在车站通过时，车站助理值班员应主动与司机联控列车运行情况，如表 2-5、表 2-6、表 2-7 所示。

表 2-5　　列车接近车站的车机联控程序及用语

呼叫时机	作业用语		
	作业人	列车司机	车站值班员
自动闭塞区段，列车接近第一接近通过信号机或规定的呼叫点；半自动闭塞区段，列车在规定的呼叫点	呼叫人	××（次）××（站）接近	
	被呼叫人		××（次）××（站）×道通过（停车）
	呼叫人	××（次）×道通过（停车），司机明白	

注：1. 有两个及以上运行方向的车站，应在联控用语中增加“去××方向”。

2. 执行指路式行车作业的标准用语，由铁路局制定，报铁道部批准，并通知相关铁路局。

表 2-6　　列车机外停车再进站的车机联控程序及用语

呼叫时机	作业用语		
	作业人	车站值班员	列车司机
列车机外停车时，信号开放后	呼叫人	××（次）×道进站信号好了	
	被呼叫人		××（次）×道进站信号好了，司机明白

注：有两个及以上运行方向的车站，应在联控用语中增加“去××方向”。

表 2－7　　特快（双层）旅客列车通过车站时的车机联控程序及用语

<table>
<tr><th rowspan="2">呼叫时机</th><th colspan="3">作业用语</th></tr>
<tr><th>作业人</th><th>车站助理值班员</th><th>运转车长</th></tr>
<tr><td rowspan="2">特快（双层）旅客列车在车站通过时</td><td>呼叫人</td><td>客车××（次）车长，××站运行正常</td><td></td></tr>
<tr><td>被呼叫人</td><td></td><td>客车××（次）运行正常，车长明白</td></tr>
</table>

七、接送列车

1. 作用

列车出入车站时，必须由接发列车有关人员在室外立岗接送列车，监视列车状态，及时处理危及行车安全的问题。

2. 立岗接车

《技规》第 286 条　接发列车时，接发车人员应携带列车无线调度通信设备、持手信号旗（灯），站在规定地点接送列车，注意列车运行和货物装载状态，与运转车长互对信号。发现旅客列车尾部标志灯光熄灭时，通知运转车长（无运转车长为车辆乘务员）进行整理。在自动闭塞区段，通知不到时，应使列车停车整理。

发现货物装载状态有异状时，及时处理；发现货物列车列尾装置丢失时，应报告列车调度员，使列车在前方站停车处理。

列车接近车站、进站和出站时，接发车人员应及时向车站值班员报告列车进出站的情况（能从设备上确认者除外）。

列车到达、发出或通过后，车站值班员应立即向邻站及列车调度员报点，并记入"行车日志"（设有计算机报点系统的按有关规定办理）。遇有超长、超限列车、单机挂车和列尾装置灯光熄灭等情况，应通知邻站。

车站接发车人员立岗接车时应注意列车运行和货物装载状态，及时发现车辆燃轴、抱闸、制动梁脱落、货物窜动或倾斜、倒塌等情况，采取措施确保行车安全。

列车通过时，车站接车人员与运转车长显示互检信号，以示列车运行正常，货物装载无异状等信息。

（1）对停车列车

①列车进站后，应停于接车线警冲标内方。在设有出站（进路）信号机的线路上，列车头部不得越过出站（进路）信号机。

②如列车尾部停在警冲标外方或压轨道绝缘时，车站接车人员及运转车长应使用列车无线调度通信设备等通知司机或显示向前移动的手信号（昼间：拢起的手信号旗上下摇动；夜间：白色灯光上下摇动），使列车向前移动。

当整列列车已进入警冲标内方时，运转车长与接车人员显示过标信号（昼间——拢起的手信号旗作圆形转动；夜间——白色灯光作圆形转动）。车机联控用语如表 2－8、表 2－9所示。

表 2－8　　列车未整列进入接车线时的车机联控程序及用语

呼叫时机	作业用语		
	作业人	车站值班员或助理值班员	列车司机
站内停车的列车进站停车前或停车后尾部压标时	呼叫人	××次尾部压标，向前移动	
	被呼叫人		××次尾部压标，向前移动，司机明白

表 2－9　　待列车尾部进入接车线后的车机联控程序及用语

呼叫时机	作业用语		
	作业人	车站值班员或助理值班员	列车司机
待列车尾部进入接车线后	呼叫人	××次尾部过标	
	被呼叫人		××次尾部过标，司机明白

③当超长列车尾部停在警冲标外方，接入相对方向的列车时，在进站信号机外制动距离内进站方向为超过 6‰的下坡道，而接车线末端无隔开设备，须使列车在站外停车后，再接入站内。如在邻线上未设调车信号机，又无隔开设备，相对方向需要进行调车作业时，必须派人以停车手信号对列车进行防护。

（2）对通过列车

①当列车运行正常，货物装载无异状时，接车人员应与运转车长显示互检信号；

②特快旅客列车车厢封闭，运转车长无法出场，可不显示互检信号；

③发现货物装载状态有异状时，及时处理；

④发现旅客列车尾部标志灯光熄灭时，应通知运转车长整理，如图 2－12 所示；

⑤发现货物列车列尾装置丢失时，应报告列车调度员，使列车在前方站停车处理，如图 2－13 所示。

列车尾部标志：列车尾部两个侧灯，向后显示红色灯光，向前显示白色灯光；挂有列尾装置时，为列尾装置向后显示红白相间的反射标志和一个红色闪光灯光。

图 2－12　旅客列车尾部标志灯光熄灭

图 2－13　货物列车列尾装置丢失

列车接近车站时，扳道及信号人员应及时向车站值班员汇报，以便有关人员出场接车。在接送列车时，还应向车站值班员汇报列车进出站的情况（能从设备上确认者除外）。

八、开通区间及报点

1. 确定列车到达及通过车站时刻

(1) 到达时刻，以列车进入车站，停于到达线警冲标内方的时刻为准。列车超过实际到达线有效长时，以第一次停车时刻为准。列车在区间分部运行时，以全部车辆到达车站的时刻为准。

(2) 通过时刻，以列车机车通过车站值班员室的时刻为准。

2. 开通区间及报点

列车到达或通过车站后，车站值班员应立即开通区间或向列车调度员报点。

自动闭塞区段列车全部到达或通过车站后，车站值班员填写“行车日志”后，向列车调度员报点（TDCS 系统报点按有关规定办理）。

非自动闭塞区段列车全部到达或通过车站后，接车站应及时通知发车站列车到达或通过本站的时分；填写“行车日志”后，与发车站办理区间开通手续；向列车调度员报点。

【任务实施与评价】

1. 下发任务单，明确任务内容及考核方式，学生课前按要求完成预习任务；
2. 教师讲解理论知识点，学生分组讨论任务，确定任务实施方式和人员分工；
3. 通过角色扮演的方式完成任务情景模拟；
4. 教师和各组长担当本次任务的他人评价工作，在角色问答中评判同学们任务完成情况。

技能检测

1. 什么是接车作业?
2. 接车线路如何确定?
3. 简述禁止办理相对方向同时接车和同方向同时发接列车的情况。
4. 相对方向不能同时接车和同方向不能同时发接列车，如何确定接发车顺序?
5. 进站信号机开放时机如何确定?
6. 车机联控的时机及用语如何把握?
7. 如何开通区间?
8. 完成任务书。

项目三　行车设备故障接发列车作业

知识目标

1. 行车设备故障接发列车作业的特点；
2. 行车设备故障内容与处理程序；
3. 引导信号的意义及引导接车方式；
4. 轨道电路及无联锁进路；
5. 一切电话中断；
6. 行车凭证；
7. 电话闭塞。

能力目标

1. 正确判断信号、联锁、闭塞设备的状态；
2. 正确判断道岔的位置；
3. 正确办理引导接车进路及开放（显示）引导（手）信号；
4. 正确选择接发列车方法及办理；
5. 行车凭证选择与填写。

任务导入

本项目你的任务是面对列车能独立判定行车设备的状态、运行的条件，并借助6502电气集中或计算机联锁设备的信号机、道岔、轨道电路等不同作业条件载体训练你对故障的控制与处置能力，熟悉非正常接发列车各工种岗位职责及接发列车的方法与程序。对此，你需要理论与实践的练习，在练习过程中，你会逐步掌握本项目中完成各任务应具备的所有技能，包括相关的背景知识，这也是学习中非常重要的一部分。

为达到真正的学习效果，并最终能独立完成任务，你应该在准备阶段多渠道、全方位地了解相关知识，更重要的是必须学会独立思考问题，而不是简单地看书、听讲、完成任务。

在完成这一任务时，请尽量始终遵循以下规则：

在做每一小项任务前，都要先获取有关方面的信息（信息获取的重点在“任务单”）。这就是说，不仅学会如何正确判定行车设备的状态、地点及其接发列车的方法，而且要掌握的是：设备故障发生时在接发列车作业过程中处于哪一环节？这个环节对之后的工作有什么影响？接发列车作业方法的判定涉及哪些方面，它们之间有什么联系？在判定工作中你的主要依据是什么，从哪里获取这些依据？你如何正确运用规章条款为判定工作服务？等等。

请你始终独立处理信息并且借助相应的工作技巧，给文本作标记、记录，制作并展示你的学习卡片等，对于长期保存信息来说这些都是非常有效的工作策略。请你始终要以书面形式记录关于任务的相关信息！

学习任务1　进站信号机故障接车作业

任务描述

本次任务需要你作为一名车站值班员能面对列车，独立判定进站信号的状态，包括明确故障现象及特点、设备故障处理程序、确定引导进路锁闭接车，选择并执行接车作业程序标准等，并能依据规章规定条理清晰地说明你的理由。具体任务见任务单所示。

任　务　单

1. 甲—乙为双线三显示自动闭塞区间，甲乙两站均配备信号员。甲站向乙站发出32045次列车，甲站报开后，乙站办理32045次列车接车进路，开放下行进站信号机时，发现下行进站信号机不能开放，请乙站办理32045次列车的接车作业。

2. 甲—乙为双线三显示自动闭塞区间，甲乙两站均配备信号员。乙站向甲站发出k254次列车，乙站报开后，甲站开放进站信号机后，进站信号机自动关闭，请甲站办理k254次列车接车作业。

3. 甲—乙为双线四显示自动闭塞区间，甲乙两站均配备信号员。甲站向乙站发出1105次列车，甲站报开后，乙站发现下行进站信号机红色灯光闪灯，请乙站办理1105次列车的接车作业。

4. 甲—乙为双线四显示自动闭塞区间，甲乙两站均配备信号员。甲站向乙站发出T25次列车，甲站报开后，乙站办理T25通过进路时，发现下行进站信号机不能开放绿色灯光，只能着黄色灯光，请乙站办理T25次列车的接车作业。

知识准备

非正常情况接发列车是指运行条件和自然条件发生变化，或行车设备故障（包括施工、停电）导致不能按行车设备完好时的使用要求办理接发列车。

一、行车设备故障处理程序

行车设备故障是导致联锁关系失效的直接原因。行车设备故障主要有进站（进路）信号机故障、出站信号机故障、轨道电路故障、道岔失去表示、区间通过信号机故障、停电、一切电话中断等情况。发生行车设备故障的情况，就必然涉及设备部门的检查、维修等，所以车站值班员应清楚设备故障处理程序及程序中所涉及的用语、“行车设备检查登记簿”（以下简称运统-46）的填写、调度命令的请求与接收，并判断接发列车作业的依据及确定作业方法。

无论何时发生行车设备故障，车站作业人员均应及时报告车站值班员。车站值班员应根据行车设备故障情况做出初步判断，并及时进行应变处理。行车设备故障处理程序如图3-1所示。

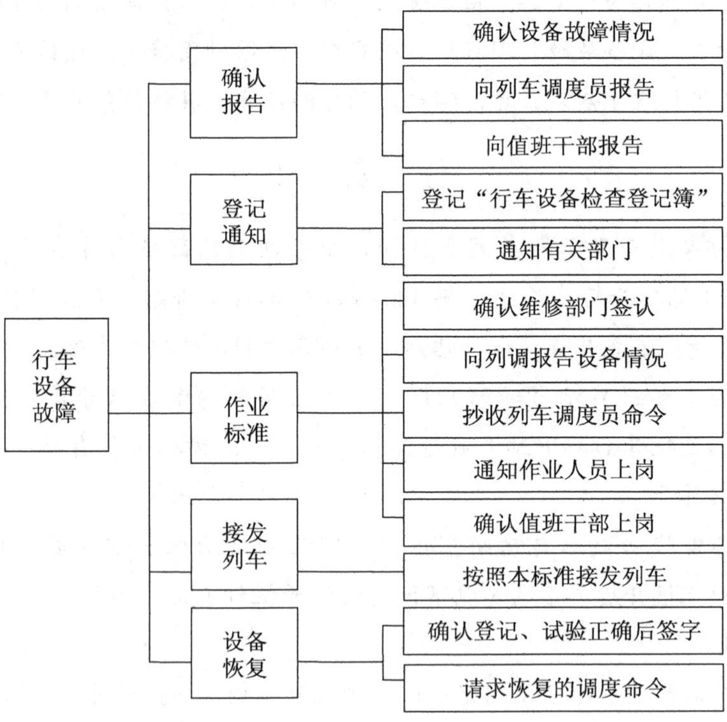

图3-1 行车设备故障处理程序

1. 确认报告

车站值班员主要是通过信号员、助理值班员等确认故障的地点、现象及有无影响行车安全的障碍物等。及时报告列车调度员、干部，以便他们了解现场情况，组织故障处理及指挥列车运行。

2. 登记通知

发生行车设备故障后，为及时修复设备，以保证车站接发列车及调车作业的安全，要求车站值班员应及时通知工务、电务、供电等设备相关部门，并在运统-46上进行登记，登记事项包括登记的时间、地点、现象、职务、姓名、通知时间、设备部门及人员姓名。

运统-46是行车与设备部门对设备不良情况的记录，格式如表3-1所示。

表3-1　行车设备检查登记簿（车站登记）

月 日	时 分	检查试验结果，所发现的不良及破损程度	通知时间		
			月 日	时 分	通知的办法（用电报、电话、书面或口头）
9/10	14：05	4道下行出站信号机不能开放	9/10	14：06	电话通知
					车站值班员　王二
					电务　张三
					供电　王五

3. 作业准备

相关设备部门人员到达车站后对设备进行检查，把检查结果登记在运统-46上，如表3-2所示。

表3-2　行车设备检查登记簿（设备部门登记）

到达时间			消除不良及破损的时分及盖章		
月 日	时 分	该段工作人员到达后盖章	月 日	时 分	破损及不良的原因，采用何种办法进行修理的。工作人员及车站值班员盖章
9/10	14：10	供电　王五	9/10	14：15	供电设备正常，不影响行车安全
					供电　王五
					车站值班员　王二
9/10	14：11	电务　张三	9/10	14：20	4道下行出站信号机因××，一时难以修复
					电务　张三

续 表

到达时间					消除不良及破损的时分及盖章
月 日	时 分	该段工作人员 到达后盖章	月 日	时 分	破损及不良的原因，采用何种办法进行修理的。工作人员及车站值班员盖章
					车站值班员　王二

车站值班员确认工务、电务检查结果，报告列车调度员并请求及接收调度命令。列车调度员根据车站值班员的请求，下达调度命令。车站值班员将调度命令登记在“附件七调度命令登记簿”上，如表 3－3 所示。根据需要再誊抄在附件四调度命令上，如图 3－2 所示，或在 TDCS 系统上接收后直接打印，如图 3－3 所示。通知作业人员上岗，确定接发列车作业方法（多方向车站要核对列车运行计划）。

表 3－3　　调度命令登记簿

月 日	发出时刻	命令			复诵人姓名	接收命令人姓名	调度员姓名	阅读时刻签名
		号码	受令及抄知处所	内容				
5/1	12：20	4943	××站，并抄收××次司机、车长	根据×站报告，×站进站信号机内方第一轨道电路区段故障，一时难以修复，自接令时起，准许××次列车凭引导信号运行	张岩	张岩	王一鸣	

调　度　命　令

_×_年_×_月_×_日_×_时_×_分　　　　　　　　第_×_号

受令处所	×站、××次司机（车长）	调度员姓名	张三
内容	根据×站报告，因×站×原因，自接令时起，×次列车凭引导信号运行		

图 3-2　调度命令

调　度　命　令

命令号码：第4943号　　2012年1月5日12时20分　　　　发令人：王一鸣

受令处所	×站，并抄收××次司机、车长	受令情况
内容	根据×站报告，因×站下行进站信号机内方第一轨道电路区段故障，自接令时起，准许××次列车凭引导信号运行	

图 3-3　电子调度命令

4. 接发列车

车站值班员根据确定的接发列车作业方法，行车设备故障的时机、影响，按接发列车作业程序继续完成接车或发车作业。各非正常情况接发列车的具体办法后面详述。

5. 设备恢复

设备部门人员将设备维修好后，再一次在运统-46上登记。车站值班员确认登记结果，对设备进行试验后签字，再报告列车调度员，有必要时请求恢复正常接发列车作业的调度命令。

二、进站信号机故障现象及特点

《技规》第290条　进站、出站、进路及线路所通过信号机发生故障时，应置于关闭状态。进站信号机及线路所通过信号机灭灯或因发生不能关闭的故障时，应将灯光熄灭或遮住。在将灯光熄灭或遮住以及信号机灭灯时，于夜间应在信号机柱距钢轨顶面不低于2m处，加挂信号灯，向区间方面显示红色灯光。

在集中联锁的车站办理接车作业，总是要按照接车作业程序为某一列车准备接车进路，接车进路锁闭后点亮一条白光带后，进站信号机会按照进路的要求开放，点亮相应的信号灯光。但作业时总会遇到进站信号机不能开放或只能开放黄色灯光等情况，进站信号机不能按进路要求正常显示，车站值班员此时可以初步判断进站信号机故障。

当进站信号机发生故障时，车站值班员除了正确做出判断，按规定手续进行登记、通知外，还应及时进行应变处理，并预告司机，保证列车运行安全及车站不间断地接发列车。进站信号机可能出现的故障现象及特点有如下几种情况：

1. 进站信号机不能开放

进站信号机不能开放表现在集中联锁的车站为某一列车准备接车进路时，接车进路锁闭后点亮一条白光带，进站信号机表示灯红色灯光不灭。这种情况下，进站信号机亮红色灯光，车站就不能按正常接车手续将列车接入站内。车站值班员听到信号员报告后，应指示信号员再次开放信号。如果进站信号机表示灯红色灯光仍然不灭，可以视为进站信号机不能开放。因进站信号机的红色灯光点亮，还可以使用引导信号接车。

2. 进站信号机不能开放通过信号

进站信号机不能开放通过信号表现在集中联锁的车站为某一列车办理通过进路时，正线上出站信号机开放后，进站信号机不能开放一个绿色灯光，只能开放为一个黄色灯光。这种情况下，车站将不能按正常通过手续办理列车通过作业。但此时进站信号机还可以开放一个黄色灯光，车站值班员应在进行车机联控时预告司机。

3. 进站信号开放后自动关闭（俗称跳信号）

进站信号机开放后自动关闭表现在集中联锁的车站为某一列车准备好接车进路后，进站信号机已经开放，此时列车尚未进入接车进路，进站信号机就自动关闭。这种情况下车站值班员听到信号员报告后，应指示信号员再次开放信号。如果进站信号机表示灯红色灯光仍然不灭，可以视为进站信号机不能开放。因进站信号机的红色灯光点亮，还可以使用引导信号接车。

造成进站信号机开放后自动关闭，有人为和设备两方面的原因。人为原因表现在进路上有机车、车辆占用或侵入，或有其他因素造成轨道电路短路等；设备上的原因表现在轨道电路故障或进站信号机本身故障等情况。进站信号机开放后出现自复，是现场遇到的发生频率较高的一种常见故障。正确及时地进行应变处理，可避免列车在信号机外停车或冒进信号。

4. 进站信号机红色灯光灭灯

进站信号机红色灯光灭灯后，按照信号—安全原则，进站信号机其他灯光也不能点亮，即进站信号机不能开放。这种情况可能发生在车站办理接车作业之前，也可能发生在车站办理接车作业过程中。进站信号机红色灯光灭灯，进站信号机不能开放，包括引导信号同样不能建立，只能人工引导接车。

三、无联锁进路的准备方法

1. 无联锁进路

无联锁进路是指在道岔、进路、信号之间建立的联锁关系因某一方不能正常动作，其联锁关系就不存在的进路或根本就没有建立联锁关系的进路。无联锁线路通常表现为没有建立联锁关系的非到发线或反向线路两种情况，也会在发生在已建立联锁关系但联锁关系失效的线路上。在无联锁线路上接发列车时，由于设备失控，安全系数较低，加之可能人为产生的疏忽大意或违章违纪等不利因素，极易发生事故。

2. 无联锁进路准备方法

（1）准备进路方法（道岔转换方式）

在集中联锁的车站，转换道岔的方式有三种，一是通过按压进路始终端按钮排列进路，也称集中操纵道岔；二是按压（点击）道岔总定（反）位按钮同时，按压（点击）道岔按钮，也称单独操纵道岔；三是现场手摇转辙机，称为现场操纵道岔。在准备进路时，可以根据设备故障对进路道岔的影响采用不同的方式来转换道岔。

进站信号机故障没有影响道岔的集中控制，所以当进站信号机故障时可以采用按压进路始终端按钮排列进路，也可以单独操纵道岔准备进路。

（2）道岔加锁规定及方式

《技规》第 285 条　在无联锁的线路上接发列车时，车站值班员除严格按接发列车手续办理外，并应将进路上有关对向道岔及邻线上的防护道岔加锁。进路上的分动外锁闭道岔无论对向或顺向，均应对密贴尖轨、斥离尖轨和可动心轨加锁。具体加锁办法，由铁路局规定。

对向道岔是列车由尖轨向辙叉运行时经过的该道岔。顺向道岔是列车经辙叉向尖轨运行时经过的道岔。当道岔位置错误时，可能使列车进入不该进入的线路，与该线内的机车、车辆发生冲突，引起严重后果。

防护道岔是能将邻线上的进路与本线路上的接发列车进路隔开的道岔。若其开通位置错误，则可能造成邻线上的机车车辆闯入接发列车进路。

对向道岔位于接发列车进路上，而防护道岔则位于接发列车进路的邻线上。

道岔加锁装置除在控制台上对道岔加锁外，还使用锁板、勾锁器、闭止把加锁及带柄标志等加锁装置。我国铁路多使用勾锁器加锁道岔的方法。一般安装在距道岔尖轨尖端第一轨枕空挡处。凡安装双转辙机的道岔除按规定在道岔前部加装勾锁器外，还要在道岔后部第二牵引点处距尖轨一侧再加装一把勾锁器。可动心轨道岔及交分道岔的活动心轨应使用专用勾锁器加锁。

【案例】××年××月××日，××站设备临时故障停用半自动闭塞法改按电话闭塞法行车，车站接发车线路均处于无联锁状态。1386 次客车 II 道通过后，4 道还有 11130 次待发。进路上 5 号道岔仍位于闭岔状态（开通于 1386 次通过的进路位置）时，3 号扳道员未经检查和确认，却盲目汇报“4 道发车进路好”，结果，造成 11130 次挤坏 5 号道岔出站，构成“未准备好进路发车”的行车事故。

【案例】××年××月××日，××站因下雪造成交流电停电，直流电源又供电不足，致使停用基本闭塞法改按电话闭塞法行车，并以手信号引导办法接车。由于扳道员×××将1385次旅客列车进路错扳导致与12582次货物列车发生正面冲突的重大行车事故。客货列车均损失较重，这起事故的直接经济损失及救援费用达25.22万元。

上述两起事故，都是无联锁线路上接发列车的进路问题，一是严重违纪而“忘扳”，另一是盲目违章而“错扳”。据有关部门统计非正常情况接发列车发生行车事故频率最高的作业环节是：布置和检查接发列车进路；确认区间空闲；检查接车线空闲。所以，为保证无联锁线路上的接发列车作业安全，对这三处作业环节，尤其要引起重视。

四、引导接车

凡进站或接车进路信号机不能使用或在双线区段由反方向开来列车而无进站信号机时，应使用引导信号或派引导人员接车的方式称为引导接车。

引导接车须报请列车调度员发布调度命令，并使用无线列调电话通知司机。

1. 引导接车的使用范围

(1) 进站或接车进路信号机不能使用时。包括进站、接车进路信号机故障；联锁失效轨道电路发生故障；施工；停电等。

(2) 向进站或接车进路信号机联锁范围以外的线路上接车时。

(3) 双线区段反方向开来列车而无进站信号机或引导信号不能使用时。包括区间返回列车、补机、退回的列车等。

《技规》第285条　凡进站、接车进路信号机不能使用或在双线区段由反方向开来列车而无进站信号机时，应使用引导信号或派引导人员接车。

引导接车时，列车以不超过20km/h速度进站，并做好随时停车的准备。由引导人员接车时，应在引导员接车地点标处（未设者，引导人员应在进站信号机、进路信号机或站界标外方），显示引导手信号接车。列车头部越过引导信号，即可关闭信号或收回引导手信号。

当车站发生需办理引导接车的情况时，车站值班员应迅速查明原因，并经慎重确定后，方可按有关规定办理引导接车。要注意切切不可因臆测、误判或本身操作失误，盲目办理引导接车而造成行车事故。

【案例】××年××月××日，6时40分，××站11308次于6时35分进Ⅱ道，计划交会22581次，22581次进3道。

办理22581次接车进路时，扳道员误将5号道岔开通Ⅱ道，车站值班员××未确认控制台表示，即盲目操纵“3道”及“进站信号”按钮，进站信号开放不了，仍未予确认，却误认为进站信号断丝（控制台断丝表示灯亮），即开放引导信号将22581次引导接入停有11308次的Ⅱ道，幸被司机及时发现，采取紧急制动，停车后距11308次仅12根枕木，构成性质极为恶劣的“有车线接车”的行车事故。

可见，在接发列车作业中，遇有特殊情况而需办理引导接车时，必须情况明了，慎重确定，且不可盲目办理。

2. 引导接车方式

引导接车的方式主要有开放引导信号接车、人工引导接车两种。具体表现在：

（1）引导信号接车

集中联锁设备的车站开放引导信号接车，按进路的锁闭方式分为引导进路锁闭接车和引导总锁闭接车两种。

引导进路锁闭接车使用时机主要包括进站（接车进路）信号机本身故障不能开放或接车进路上（含延续进路）某一轨道电路区段故障（但不手摇道岔）等情况。

引导总锁闭接车使用时机主要包括接车进路上某组道岔失去表示（道岔被挤除外），某一轨道电路故障（须手摇道岔），向非到发线接车或向无联锁线路接车等情况。

（2）人工引导接车

人工引导接车是指派引导员在进站信号机、进路信号机或站界标外方显示引导手信号接车方式。其使用时机主要包括进站信号机灭灯、无双向闭塞设备的双线区间接入反方向的列车无进站信号机、施工、停电等，救援列车、路用列车返回车站调度命令有规定时等情况。

3. 引导接车注意事项

引导接车，一般是在特殊情况下进行的，此时，如放松有关行车条件及限制，往往会留下事故隐患。

（1）须取得列车调度员的命令；

（2）引导接车前，应确认接车进路空闲，有关道岔位置正确和敌对信号未开放；

（3）进路准备妥当后，应将进路上的有关对向道岔及邻线上能进入该进路的防护道岔按《站细》规定办法加锁；

（4）引导人员应站在“引导员接车地点标”处（未设者，应站在进站、接车进路信号机或站界标外方），正确及时显示引导手信号；

（5）司机确认引导信号或引导手信号显示正确后，鸣笛一长声通知运转车长，以免运转车长误认为冒进信号，使用紧急制动阀停车；

（6）列车应以不超过20km/h的速度进站，并做好随时停车的准备；

（7）列车头部越过引导信号或引导手信号，即可关闭信号或收回引导手信号。

4. 引导接车程序

引导接车作业程序如图3－4所示。

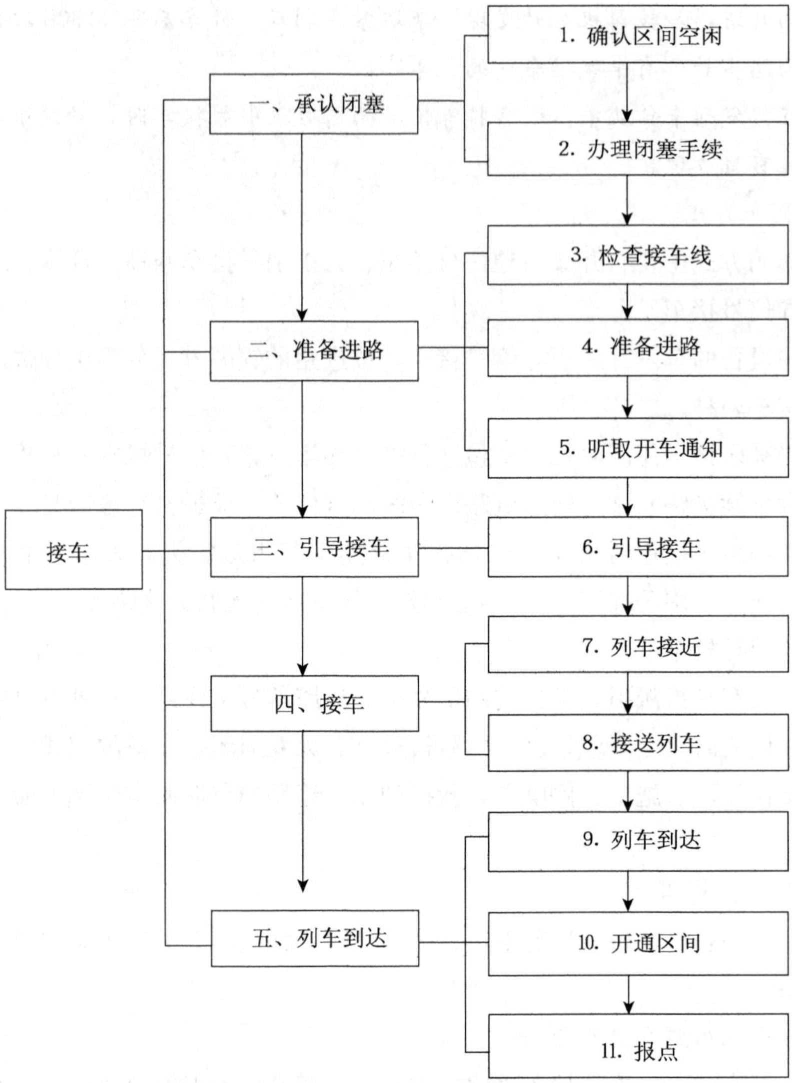

图 3-4　引导接车作业程序

5. 进站信号机故障应变处理

不管进站信号机发生什么故障，均属于引导接车的范畴。当进站信号机故障且红色灯光能点亮的情况下，引导信号能开放，可以采用引导进路锁闭接车；当进站信号机灭灯的情况下，引导信号不能建立，可以采用人工引导接车。

（1）进站信号机不能开放接车

故障处理提示：

①按原闭塞法行车；

②进路上的有关道岔和防护道岔单独操纵；

③开放引导信号，采用引导进路锁闭方式接车。

处理程序：

①办理闭塞（接受预告）。车站值班员与发车站值班员正常办理闭塞手续。

②布置与准备接车进路。车站值班员听取列车从邻站开车后，布置与准备接车进路，发现进站信号机不能开放。

③确认报告。车站值班员确认进站信号机确实不能开放，报告列车调度员，通知值班干部上岗，预告司机机外停车。

报告列车调度员用语：“×站×进站信号机不能开放”。

确认进站信号机不能开放，车站值班员需要司机机外停车时，应立即主动与列车司机进行车机联控，呼叫时机及用语如表 3-4 所示。

表 3-4　　列车临时机外停车作业

呼叫时机	作业用语		
	作业人	车站值班员	列车司机
列车接近前	呼叫人	××（次）××（站）机外停车	
	被呼叫人		××（次）××（站）机外停车，司机明白

④登记通知。车站值班员登记运统-46，通知电务、供电部门，如表 3-5 所示。

表 3-5　　进站信号机故障车站登记

月日	时分	检查试验结果，所发现的不良及破损程度	通知时间		
			月日	时分	通知的办法（用电报、电话、书面或口头）
9/10	14：05	下行进站信号机不能开放	9/10	14：06	电话通知
					车站值班员　王二
					电务　张三
					供电　王五

车站值班员确认电务、供电部门检查结果，不影响行车安全且进站信号机不能马上修复后签认，如表 3-6 所示。

表 3-6　　进站信号机故障设备部门登记、车站签认

到达时间			消除不良及破损的时分及盖章		
月 日	时 分	该段工作人员 到达后盖章	月 日	时 分	破损及不良的原因，采用何种办法进行修理的。工作人员及车站值班员盖章
9/10	14：10	供电　王五	9/10	14：15	供电设备正常，不影响行车安全
					供电　　　王五
					车站值班员　王二
9/10	14：11	电务　张三	9/10	14：20	4 道下行进站信号机因××，一时难以修复
					电务　　　张三
					车站值班员　王二

⑤车站值班员报告列车调度员设备部门检查故障结果，用语：经供电部门检查结果不影响行车安全，经电务部门检查结果×进站信号机应××原因，一时难以修复，请求调度命令引导接车。

列车调度员发布引导接车调度命令，车站值班员接收引导接车调度命令，如图 3-5 所示，向司机转达调度命令，车站办理引导接车。

调　度　命　令

_×_年_×_月_×_日_×_时_×_分　　　　　　　第_×_号

受令处所	×站、××次司机（车长）	调度员姓名	张三
内容	根据×站报告，因×站下行进站信号机故障，自接令时起，×次列车凭引导信号运行		

图 3-5　进站信号机故障引导接车调度命令

⑥开放引导信号。车站值班员或信号员单独锁闭进路上的有关道岔，在运统-46 上登记破封使用相应的引导按钮，如表 3-7 所示。然后破封按压（点击）引导按钮，开放引导信号。

表 3-7　　使用引导按钮登记

月日	时分	检查试验结果，所发现的不良及破损程度	通知时间		
			月日	时分	通知的办法（用电报、电话、书面或口头）
9/10	14：30	破封使用下行引导按钮	9/10	14：31	电话通知
					车站值班员　王二
					电务　　　　张三

⑦通知助理值班员出场接车，与司机进行车机联控，引导信号开放后，车站值班员应主动呼叫列车司机。呼叫时机及用语如表 3-8 所示。

表 3-8　　车站引导接车作业

呼叫时机	作业用语		
	作业人	车站值班员	列车司机
列车接近前	呼叫人	××（次）××（站）引导接车，×道停车（通过），注意引导信号	
	被呼叫人		××（次）××（站）引导接车，×道停车（通过），司机明白

⑧确认列车整列到达或停妥，解锁进路。对单锁道岔进行单解，进路上遗留的白光带采用引导进路锁闭方式解锁，首先在运统-46 上登记破封使用相应的总人工解锁按钮，如表 3-9 所示，然后同时按压总人工解锁按钮和进路始端按钮。

表 3-9　　使用总人工解锁按钮登记

月日	时分	检查试验结果，所发现的不良及破损程度	通知时间		
			月日	时分	通知的办法（用电报、电话、书面或口头）
9/10	14：38	破封使用下行总人解按钮	9/10	14：40	电话通知
					车站值班员　王二
					电务　　　　张三

⑨半自动闭塞设备还需办理开通区间手续及通知发车站列车到达时刻，向列车调度员报点。

(2) 进站信号机不能开放通过信号（出站信号机正常）接车（通过）

故障处理提示：

①按原闭塞法行车；

②排列进路，开放信号。

处理程序：

①本站停站列车正常办理；

②正线通过列车：先开放进站信号机后，预告司机，待列车越过进站后，再开放出站信号机。

(3) 进站信号机红色灯光灭灯接车（通过）

故障处理提示：

①夜间在进站信号机机柱上加挂防护灯；

②按原闭塞法行车；

③排列调车进路锁闭接车进路或对进路上的有关道岔和防护道岔单操单锁；

④引导手信号接车；

⑤通过列车闭塞手续办妥后，凭开放的出站信号在站内通过。

处理程序：

除派人显示引导手信号外，其他程序与进站信号机不能开放接车相同。与司机进行车机联控，派人显示引导手信号后，车站值班员应主动呼叫列车司机。呼叫时机及用语如表3－10所示。

表3－10　　车站引导接车作业

<table>
<tr><th rowspan="2">呼叫时机</th><th colspan="3">作业用语</th></tr>
<tr><th>作业人</th><th>车站值班员</th><th>列车司机</th></tr>
<tr><td>列车接近前</td><td>呼叫人</td><td>××（次）××（站）引导接车，×道停车（通过），注意引导手信号</td><td></td></tr>
<tr><td></td><td>被呼叫人</td><td></td><td>××（次）××（站）引导接车，×道停车（通过），司机明白</td></tr>
</table>

（4）进站信号开放后自动关闭接车（通过）

故障处理提示：

①列车进路上遗留白光带；

②按原闭塞法行车；

③引导信号接车；

④通过列车闭塞手续办妥后，凭开放的出站信号在站内通过。

处理程序：

当进站信号机开放后自动关闭，如重复开放信号仍不能开放时，处理程序与进站信号机不能开放接车相同。只是列车到达车站或通过后，解锁引导接车进路，要用故障解锁。在运统-46上登记破封使用相应的总人工解锁按钮和区段解锁按钮，如表3-11所示，同时按压总人工解锁按钮和各轨道电路区段解锁按钮。

表3-11　　使用总人工解锁按钮登记

月 日	时 分	检查试验结果，所发现的不良及破损程度	通知时间		
			月 日	时 分	通知的办法（用电报、电话、书面或口头）
9/10	14：38	破封使用下行总人解按钮、区段解锁按钮	9/10	14：40	电话通知
					车站值班员　王二
					电务　张三

【任务实施与评价】

1. 下发任务单，明确任务内容及考核方式，学生课前按要求完成预习任务；
2. 教师讲解理论知识点，学生分组讨论任务，确定任务实施方式和人员分工；
3. 通过角色扮演的方式完成任务情景模拟；
4. 教师和各组长担当本次任务的他人评价工作，在角色问答中评判同学们任务完成情况。

技能检测

1. 进站（接车进路）信号机灭灯如何接车？

2. 进站（接车进路）信号机故障，能显示红色灯光不能显示进行信号时如何接车？

3. 进站信号开放后自动关闭如何接车（通过）？

4. 完成任务书。

学习任务2　道岔或轨道电路故障接车作业

任务描述

本次任务需要你作为一名车站值班员能面对列车，独立判定道岔或轨道电路的状态，包括明确故障现象及特点、设备故障处理程序、确定采用引导进路锁闭或引导总锁闭接车，选择并执行接车作业程序标准等，并能依据规章规定条理清晰地说明你的理由。具体任务见任务单所示。

任　务　单

1. 甲—乙为双线三显示自动闭塞区间，甲乙两站均配备信号员。行车计划规定甲站向乙站发出33107次列车，两站办理预告后，乙站发现下行进站信号机内方第一轨道电路区段着红光带时，请乙站办理33107次列车的接车作业。

2. 甲—乙为双线三显示自动闭塞区间，甲乙两站均配备信号员。乙站向甲站发出k254次列车，乙站报开后，甲站发生接车进路上某道岔失去表示，请甲站办理k254次列车接车作业。

知识准备

道岔或轨道电路故障对列车进出站走行存在很大危险性，同时也会造成进、出站信号机不能开放。所以铁路车站必须保证进路符合列车运行安全，方能办理列车进出车站。

一、道岔故障现象及处理

1. 故障现象

道岔故障主要表现在道岔失去表示，在6502电气集中联锁设备控制台上故障现象表现为道岔表示灯灭灯。在计算机联锁设备控制台上道岔开口位置不明，有的设备会出现四开状态。

2. 处理方法

道岔失去表示时，进路失去了正常的联锁关系。在准备无联锁进路时，首先要考虑进路上的道岔是否需要转换。当一条进路上有的道岔失去表示，必须在现场判断道岔开通位置；有的道岔正常表示，可以在控制台上判定道岔开通位置。其次要正确转换道岔，转换道岔的方式有两种，一种是在控制台上单操道岔，另一种是在现场手摇道岔。失去表示的道岔要在现场转换，其他道岔可在控制台上单独操纵。

发生道岔失去表示后，车站值班员应在“行车设备检查维修登记簿”运统-46内登记，并通知工务、电务部门前来处理，得到道岔正常报告后可按规定办理。

二、轨道电路区段故障现象及处理原则

轨道电路能防止向占用线路上接车，使车务部门错办进路事故下降了80%。但如果轨道电路故障不能正确反映机车车辆对轨道区段的占用情况，传递错误信息，不仅影响车站作业效率，严重的是存在许多不安全因素，直接威胁行车安全，是一种非正常情况下的接发列车。为了防止错办进路事故的发生，车站行车人员要认真确认轨道电路发生故障后，设备性能发生的变化，找出潜在的危险，发现不安全因素，采用有力措施保证行车安全。轨道电路故障，也是信号联锁设备中经常遇到的一种故障。如何根据故障的不同情况保证车站不间断地接发列车，是车站值班员在非正常情况下办理接发列车作业水平的重要标志。

集中联锁设备通常以光带变化来反映轨道电路区段空闲、有车及故障等现象。进路处于解锁状态时，轨道电路区段为控制台线路常用颜色；进路处于空闲锁闭状态时，轨道电路区段为白光带，进路处于有车锁闭或故障锁闭状态时，轨道电路区段为红光带。

1. 轨道电路区段无机车车辆占用而出现红光带

个别区段无机车车辆占用而出现红光带是轨道电路常见的故障之一。产生这种现象的原因，除了有外在的短路因素外，也有电务及工务两方面的原因。

当站内轨道电路出现红光带时，首先应派胜任人员到现场确认，在查明确无机车车辆占用或侵入后，方能在“行车设备检查维修登记簿”内登记，通知工务、电务部门做成记录并按轨道电路故障进行处理，这是一条最基本的原则。

但需要注意的是，通知工、电部门派人前来检查处理，并不等于要待工、电部门寻找到故障的原因，在“行车设备检查维修登记簿”上签字注销后，才能办理接发列车。往往有些车站值班员，为了保证所谓列车运行的绝对安全，遇到这种情况，非要工务部门的人员在“行车设备检查维修登记簿”上签字证明无断轨或道岔不影响行车使用后，方才办理接发列车。以致造成接发列车作业的间断，影响了列车运行秩序。这种作法是不妥当的，也是没有必要的。因为出现红光带时首先已派胜任人员到现场检查确认，除了确认无机车车辆占用或侵入外，一般明显的断轨或道岔病害是能发现的；其次出现红光带后，接发列车的有关规定，比如向司机传递限速、注意运行的命令，引导信号接车等，已经包含了有

可能工务设备故障情况下列车安全运行的保护措施。

当离去、接近区段轨道电路出现红光带时，因不在车站范围之内，可以不派胜任人员前往查明情况，但仍应在“行车设备检查维修登记簿”内登记，并通知工务、电务部门前来处理，得到线路正常报告后可按规定办理。若第一闭塞分区故障，发车时应发给司机监督器通知书。

2. 轨道电路区段有机车车辆占用而未出现红光带

个别区段有机车车辆占用而未出现红光带是轨道电路常见的故障之二。应特别注意在有机车车辆占用的情况下，而相应部位轨道电路不显示红光带的故障，如忽略这种现象，有可能造成向有车线路接车，导致险性乃至大、重大事故的发生。车站值班员登记运统-46，通知工务、电务部门检查；在控制台相关线路上揭挂表示牌，揭示板上注明列车车次。这一点，在微机联锁设备的车站，因数字化仪和微机屏幕上都不能像电气集中的控制台那样，在相关线路上揭挂表示牌，所以应引起高度重视。

三、进路变更时机及方法

列车进路分为基本进路和变通进路。站内由一点向另一点运行有几条进路时，规定常用的一条进路为基本进路。办理列车基本进路，需顺序按下始端的列车进路按钮和终端的列车进路按钮。

基本进路以外的其余进路为变通进路。当遇基本进路上的道岔发生故障、道岔被挤、轨道电路区段故障或有车占用时需要使用变通进路。办理列车变通进路，需顺序按下始端的列车进路按钮、变通用的按钮和终端的列车进路按钮。

进站或出站信号机开放后，其接发列车进路不得随意变更。遇道岔或轨道电路故障不能利用原进路接车并且有可以变更的进路时等特殊情况必须变更时，应做到以下几点：

1. 变更接车进路

变更接车进路时，应保证列车在进站信号机外不减速、不停车的情况下，方可关闭进站信号机，变更接车进路。设有接近锁闭的车站，当列车进入接近锁闭区段后，除危及行车安全情况外，不得变更接车进路。双线区段的车站，原规定为正线通过的列车临时变更进路（直进侧出、侧进直出、侧进侧出）时，须经列车调度员准许，并预告司机；如来不及预告时，应使列车在站外停车后，再开放信号机，接入站内。

2. 变更发车进路

变更发车进路时，应先通知发车人员，确知停止发车后，方可取消发车进路。列车司机持有书面行车凭证时，应将行车凭证收回。当发车人员已显示发车指示信号而列车尚未启动时，必须通知司机后，方可关闭出站信号机取消发车进路。严禁先取消进路，后通知发车人员。

3. 变更特快旅客列车进路

特快旅客列车遇特殊情况必须变更进路时，须经列车调度员准许并预告司机，车机联控用语如表 3－12 所示；如来不及预告时，应使列车在站外停车后，开放进站信号机，再接入站内。

表 3－12　　旅客列车变更固定接车线路作业

呼叫时机	作业用语		
	作业人	车站值班员	列车司机
列车接近前	呼叫人	客车××（次）××（站）变更×道通过（停车），限速××公里	
	被呼叫人		客车××（次）××（站）变更×道通过（停车），限速××公里，司机明白

如遇列车直进侧出通过车站的作业，车机联控用语如表 3－13 所示。

表 3－13　　列车直进侧出通过作业

呼叫时机	作业用语		
	作业人	车站值班员	列车司机
列车接近前	呼叫人	××（次）××（站）×道通过，直进侧出，限速××公里	
	被呼叫人		××（次）××（站）×道通过，直进侧出，限速××公里，司机明白

四、道岔或轨道电路故障引导接车应变处理

不管什么时间发生道岔或车站轨道电路区段故障，均有可能造成进站、出站信号机不能开放。只要接车均属于引导接车的范畴。当道岔或轨道电路故障的情况下，首先在控制台上判断故障区段的道岔开通位置与进路要求是否一致。如一致将故障区段的道岔在控制台上单独锁闭即可；如不一致将故障区段的道岔用手摇把摇至所需位置并现场加锁，其他道岔可在控制台上单独操纵。其次确定引导接车方法。轨道电路故障但不需要手摇道岔

时，如无岔区段（包括进站信号机内方第一轨道电路区段故障）、到发线轨道电路区段故障，道岔区段故障但不手摇道岔，均可采用引导进路锁闭接车；道岔失去表示、道岔区段轨道电路故障但需要手摇道岔时，可采用引导总锁闭接车。只要发车就有可能根据行车闭塞方法不同，使用书面凭证，下个任务再详说。

1. 到发线轨道电路故障

（1）有车占用无红光带表示

故障处理提示：对存放车辆的线路，揭挂表示牌，揭示板上注明列车车次。并将线路两端道岔开通异线，可以正常办理发车。

（2）无车占用亮红光带接车

故障处理提示：

①车站值班员通知助理值班员等胜任人员现场检查确认故障区段空闲、无异状等情况；

②如遇车站有空闲线路时，又满足《站细》规定的接车时间，可以变更接车线路，但须报列车调度员准许；

③按基本闭塞法行车；

④进路上的有关道岔和防护道岔单操；

⑤开放引导信号，采用引导进路锁闭方式接车。

处理程序：

除运统-46的登记、签认，调度命令内容略有不同外，其他程序与进站信号机不能开放接车相同。运统-46的登记如表3-14所示。

表3-14　　到发线轨道电路故障车站登记

月日	时分	检查试验结果，所发现的不良及破损程度	通知时间		
			月日	时分	通知的办法（用电报、电话、书面或口头）
1/8	16：10	3G着红光带	1/8	16：11	电话通知
					车站值班员　王二
					电务　张三
					工务　李玉
					供电　王五

车站值班员确认工务、电务、供电部门检查结果，不影响行车安全且到发线轨道电路

故障不能马上修复后签认，如表 3－15 所示。

表 3－15　到发线轨道电路故障设备部门登记、车站签认

到达时间					消除不良及破损的时分及盖章
月 日	时 分	该段工作人员 到达后盖章	月 日	时 分	破损及不良的原因，采用何种办法进行修理的。工作人员及车站值班员盖章
1/8	16：14	供电　王五	1/8	16：17	供电设备正常，不影响行车安全
					供电　王五
					车站值班员　王二
1/8	16：15	工务　李玉	1/8	16：18	工务设备正常，不影响行车安全
					工务　李玉
					车站值班员　王二
1/8	16：16	电务　张三	1/8	16：20	3G 因电缆断了，一时难以修复
					电务　张三
					车站值班员　王二

车站值班员报告列车调度员设备部门检查故障结果，用语：经工务、供电部门检查结果不影响行车安全，经电务部门检查结果 3G 因电缆断了，一时难以修复，请求调度命令引导接车。

列车调度员发布引导接车调度命令，车站值班员接收引导接车调度命令，如图 3－6 所示，向司机转达调度命令，车站办理引导接车。

调　度　命　令

_×_年_×_月_×_日_×_时_×_分　　　　第_×_号

受令处所	×站、××次司机（车长）	调度员姓名	张三
内容	根据×站报告，因×站 3G 故障，自接令时起，×次列车凭引导信号运行		

图 3－6　到发线轨道电路故障引导接车调度命令

2. 无岔区段、道岔区段轨道电路故障

（1）道岔故障位置与进路要求一致时接车（通过）

故障处理提示：

①车站值班员应指派助理值班员等胜任人员现场检查确认故障区段空闲、无异状等情况。

②自动闭塞区段按基本闭塞法行车；如进站信号机内方第一轨道电路区段故障时，在半自动闭塞区段改按电话闭塞法行车。

③进路上的有关非故障道岔和防护道岔单操，故障区段道岔单锁。

④开放引导信号，采用引导进路锁闭方式接车（进站信号机内方第一轨道电路区段故障时，微机联锁设备须每隔固定时间点压一次引导按钮，电气集中设备须一直按压引导按钮，直到列车头部越过）。

处理程序：

处理程序与到发线轨道电路故障引导接车基本相同，不同之处有以下几点：

①运统-46 的登记、签认，调度命令内容略有不同，如表 3-16 所示。

表 3-16　　无岔区段轨道电路故障车站登记

月日	时分	检查试验结果，所发现的不良及破损程度	通知时间		
			月日	时分	通知的办法（用电报、电话、书面或口头）
1/9	15：10	进站信号机内方第一轨道电路区段着红光带	1/9	15：11	电话通知
					车站值班员　王二
					电务　张三
					供电　王五

车站值班员确认工务、电务、供电部门检查结果，不影响行车安全且无岔区段轨道电路故障不能马上修复后签认，如表 3-17 所示。

表 3-17　　无岔区段轨道电路故障设备部门登记、车站签认

到达时间					消除不良及破损的时分及盖章
月日	时分	该段工作人员到达后盖章	月日	时分	破损及不良的原因，采用何种办法进行修理的。工作人员及车站值班员盖章
1/9	15：14	供电　王五	1/9	15：17	供电设备正常，不影响行车安全
					供电　王五

续　表

到达时间					消除不良及破损的时分及盖章
月 日	时 分	该段工作人员 到达后盖章	月 日	时 分	破损及不良的原因，采用何种办法进行修理的。工作人员及车站值班员盖章
					车站值班员　王二
1/9	15：15	工务　李玉	1/9	15：18	工务设备正常，不影响行车安全
					工务　　　李玉
					车站值班员　王二
1/9	15：16	电务　张三	1/9	15：20	下行进站信号机内方第一轨道电路区段因电缆断了，一时难以修复
					电务　　　张三
					车站值班员　王二

车站值班员报告列车调度员设备部门检查故障结果，用语如：经工务、供电部门检查结果不影响行车安全，经电务部门检查结果进站信号机内方第一轨道电路区段因电缆断了，一时难以修复，请求调度命令引导接车。

列车调度员发布引导接车调度命令，车站值班员接收引导接车调度命令，如图 3－7 所示，向司机转达调度命令，车站办理引导接车。

调　度　命　令

＿×＿年＿×＿月＿×＿日＿×＿时＿×＿分　　　　　　第＿×＿号

受令处所	×站、××次司机（车长）	调度员姓名	张三
内容	根据×站报告，因×站下行进站信号机内方第一轨道电路区段故障，自接令时起，×次列车凭引导信号运行		

图 3－7　无岔区段轨道电路故障引导接车调度命令

②故障的道岔区段轨道电路的道岔需要单锁。轨道电路故障有可能是瞬间停电造成，为避免道岔区段轨道电路故障自然恢复，道岔解锁，故需要将道岔单独锁闭，保证安全。

③进站信号机内方第一轨道电路区段故障使用引导按钮开放引导信号操作略有不同。进站信号机内方第一轨道电路区段故障后，引导信号不能稳定开放。为保持引导信号处于开放状态，在 6502 电气集中联锁设备控制台上应一直按压引导按钮，直到列车头部越过方可松

手；在计算机联锁设备控制台上应每隔固定时间点压一次引导按钮，直到列车头部越过。

（2）道岔故障位置与进路要求不一致时接车（通过）

故障处理提示：

①车站值班员应指派助理值班员等胜任人员现场检查确认故障区段空闲、无异状等情况；

②按基本闭塞法行车；

③进路上的有关非故障道岔和防护道岔单操单锁，故障区段道岔现场手摇后人工加锁（双人确认）；

④开放引导信号，采用引导总锁闭方式接车或引导手信号接车。

处理程序：

处理程序与道岔故障位置与进路要求一致时引导接车基本相同，不同之处有以下几点：

①运统-46的登记、签认，调度命令内容略有不同，如表3-18所示。

表3-18　　道岔区段轨道电路故障车站登记

月日	时分	检查试验结果，所发现的不良及破损程度	通知时间		
			月日	时分	通知的办法（用电报、电话、书面或口头）
2/9	10：10	3DG轨道电路区段着红光带	2/9	10：11	电话通知
					车站值班员　王二
					电务　张三
					供电　王五

车站值班员确认工务、电务、供电部门检查结果，不影响行车安全且道岔区段轨道电路故障不能马上修复后签认，如表3-19所示。

表3-19　　道岔区段轨道电路故障设备部门登记、车站签认

到达时间			消除不良及破损的时分及盖章		
月日	时分	该段工作人员到达后盖章	月日	时分	破损及不良的原因，采用何种办法进行修理的。工作人员及车站值班员盖章
2/9	10：14	供电　王五	2/9	10：17	供电设备正常，不影响行车安全

续　表

到达时间			消除不良及破损的时分及盖章		
月 日	时 分	该段工作人员 到达后盖章	月 日	时 分	破损及不良的原因，采用何种办法进行修理的。工作人员及车站值班员盖章
					供电　　　王五
					车站值班员　王二
2/9	10：15	工务　李玉	2/9	10：18	工务设备正常，不影响行车安全
					工务　　　李玉
					车站值班员　王二
2/9	10：16	电务　张三	2/9	10：20	3DG 轨道电路区段因电缆断了，一时难以修复
					电务　　　张三
					车站值班员　王二

车站值班员报告列车调度员设备部门检查故障结果，用语如：经工务、供电部门检查结果不影响行车安全，经电务部门检查结果 3 号道岔轨道电路区段因电缆断了，一时难以修复，请求调度命令引导接车。

列车调度员发布引导接车调度命令，车站值班员接收引导接车调度命令，如图 3-8 所示，向司机转达调度命令，车站办理引导接车。

调　度　命　令

_×_年_×_月_×_日_×_时_×_分　　　　第_×_号

受令处所	×站、××次司机（车长）	调度员姓名	张三
内容	根据×站报告，因×站 3DG 轨道电路区段故障，自接令时起，×次列车凭引导信号运行		

图 3-8　道岔区段轨道电路故障引导接车调度命令

②锁闭进路不同。车站值班员或信号员在控制台上单操单锁进路上的非故障区段道岔和防护道岔。登记使用电动转辙机手摇把，如表 3-20 所示，助理值班员或扳道员现场手摇故障区段道岔，双人确认后加锁。

表 3－20　　使用手摇把登记

月 日	时 分	检查试验结果，所发现的不良及破损程度	通知时间		
			月 日	时 分	通知的办法（用电报、电话、书面或口头）
2/9	10：25	使用手摇把	2/9	10：26	电话通知
					车站值班员　王二
					电务　　　　张三

车站值班员在运统－46 上登记破封使用相应的引导总锁闭按钮，如表 3－21 所示。车站值班员或信号员在控制台上然后破封按压（点击）引导总锁闭按钮，锁闭整个咽喉道岔。

表 3－21　　使用引导总锁闭按钮登记

月 日	时 分	检查试验结果，所发现的不良及破损程度	通知时间		
			月 日	时 分	通知的办法（用电报、电话、书面或口头）
2/9	10：30	破封使用下行引导总锁闭按钮	2/9	10：31	电话通知
					车站值班员　王二
					电务　　　　张三

③开放引导信号或派人显示引导手信号。车站值班员在运统－46 上登记破封使用相应的引导按钮，如表 3－22 所示。然后破封按压（点击）引导按钮，开放引导信号。或转达司机调度命令后，通知引导员引导接车。

表 3－22　　使用引导按钮登记

月日	时分	检查试验结果，所发现的不良及破损程度	通知时间		
			月日	时分	通知的办法（用电报、电话、书面或口头）
2/9	10：32	破封使用下行引导按钮	2/9	10：33	电话通知
					车站值班员　王二
					电务　　　　张三

④解锁进路不同。确认列车整列到达或停妥后，解锁进路。采用引导总锁闭方式解锁，列车全部进入股道后，股道点红光带。车站值班员确认列车全部进入股道后，同时拉出本咽喉的引导总锁闭按钮，进路解锁。

3. 道岔失去表示接车（通过）

故障处理提示：

①车站值班员应指派助理值班员等胜任人员现场检查确认故障道岔区段空闲、无异状等情况；

②按基本闭塞法行车；

③进路上的有关非故障道岔和防护道岔单操单锁，故障区段道岔单锁或现场手摇后人工加锁（双人确认）；

④开放引导信号，采用引导总锁闭方式接车或引导手信号接车。

处理程序：

处理程序与道岔故障位置与进路要求不一致时引导接车基本相同。

运统-46 的登记、签认，调度命令内容略有不同，如表 3－23 所示。

表 3－23　　道岔区段轨道电路故障车站登记

月日	时分	检查试验结果，所发现的不良及破损程度	通知时间		
			月日	时分	通知的办法（用电报、电话、书面或口头）
9/9	22：10	3 号道岔失去表示	9/9	22：11	电话通知
					车站值班员　王二
					电务　　　　张三

续 表

月 日	时 分	检查试验结果，所发现的不良及破损程度	通知时间		
			月 日	时 分	通知的办法（用电报、电话、书面或口头）
					供电　　王五

车站值班员确认工务、电务、供电部门检查结果，不影响行车安全且道岔失去表示不能马上修复后签认，如表 3－24 所示。

表 3－24　　道岔区段轨道电路故障设备部门登记、车站签认

到达时间					消除不良及破损的时分及盖章
月 日	时 分	该段工作人员到达后盖章	月 日	时 分	破损及不良的原因，采用何种办法进行修理的。工作人员及车站值班员盖章
9/9	22：14	供电　王五	9/9	22：17	供电设备正常，不影响行车安全
					供电　　王五
					车站值班员　王二
9/9	22：15	工务　李玉	9/9	22：18	工务设备正常，不影响行车安全
					工务　　李玉
					车站值班员　王二
9/9	22：16	电务　张三	9/9	22：20	3 号道岔因转辙机故障，一时难以修复
					电务　　张三
					车站值班员　王二

车站值班员报告列车调度员设备部门检查故障结果，用语如：经工务、供电部门检查结果不影响行车安全，经电务部门检查结果 3 号道岔因转辙机，一时难以修复，请求调度命令引导接车。

列车调度员发布引导接车调度命令，车站值班员接收引导接车调度命令，如图 3－9 所示，向司机转达调度命令，车站办理引导接车。

调 度 命 令

_×_年_×_月_×_日_×_时_×_分　　　　　　　　第_×_号

受令处所	×站、××次司机（车长）	调度员姓名	张三
内容	根据×站报告，因×站3号道岔失去表示，自接令时起，×次列车凭引导信号运行		

图3－9　道岔区段轨道电路故障引导接车调度命令

【任务实施与评价】

1. 下发任务单，明确任务内容及考核方式，学生课前按要求完成预习任务；
2. 教师讲解理论知识点，学生分组讨论任务，确定任务实施方式和人员分工；
3. 通过角色扮演的方式完成任务情景模拟；
4. 教师和各组长担当本次任务的他人评价工作，在角色问答中评判同学们任务完成情况。

技能检测

1. 轨道电路故障时如何接车？
2. 道岔失去表示如何接车？
3. 车站停电时如何接车？
4. 向非到发线或无联锁进路如何接车？
5. 完成任务书。

学习任务3　出站信号机故障发车作业

任务描述

本次任务需要你作为一名车站值班员能面对列车，独立判定出站信号机的状态，包括明确故障现象及特点、设备故障处理程序、确定行车方法并正确选择及填写行车凭证，选择并执行发车作业程序标准等，并能依据规章规定条理清晰地说明你的理由。具体任务见任务单所示。

任 务 单

1. 甲—乙为双线三显示自动闭塞区间，甲乙两站均配备信号员。甲站办理 3 道的 31027 次列车发车作业，3 道下行出站信号机正常开放。当车站值班员命令助理值班员发车后，发生出站信号自动关闭，离去监督器表示正常。请甲站办理 31027 次列车的发车作业。

2. 甲—乙为双线四显示自动闭塞区间，甲乙两站均配备信号员。乙站 4 道停有向甲站发出的 1106 次列车。此前已知乙站 4 道上行出站信号机不能开放，请乙站办理 1106 次列车的发车作业。

3. 甲—乙为双线四显示自动闭塞区间，甲乙两站均配备信号员。甲站向乙站发出 T37 次列车，甲站办理 T37 通过进路时，发现Ⅰ道下行出站信号机不能开放绿色灯光，只能亮黄色灯光，请甲站办理 T37 次列车的通过作业。

4. 甲—乙为单线半自动闭塞区间，甲乙两站均配备信号员。乙站 4 道停有向甲站发出的 K336 次列车。两站办妥闭塞手续，乙站开放 4 道上行出站信号机时，发现出站信号机不能开放，请乙站办理 K336 次列车的发车作业。

知识准备

一、出站信号机故障现象及特点

《技规》第 291 条　出站信号机发生故障时，除按规定交递行车凭证外，对通过列车应预告司机，并显示通过手信号。装有进路表示器或发车线路表示器的出站信号机，当该表示器不良时，由办理发车人员通知司机后，列车可凭出站信号机的显示出发。

在集中联锁的车站办理发车作业，总是要按照发车作业程序为某一列车准备发车进路，发车进路锁闭后点亮一条白光带后，出站信号机会按照进路的要求开放，点亮相应的信号灯光。但作业时总会遇到出站信号机不能开放或只能开放黄色灯光等情况，致使出站信号机不能按进路要求正常显示，车站值班员此时可以初步判断出站信号机故障。如果是道岔或轨道电路区段故障造成出站信号机不能开放必须查明故障原因，方能视为出站信号机不能开放。

当出站信号机发生故障时，车站值班员除了正确做出判断，按规定手续进行登记、通知外，还应及时进行应变处理，并预告司机，保证列车运行安全及车站不间断地接发列车。出站信号机可能出现的故障现象及特点有如下几种情况：

1. 出站信号机不能开放（含灭灯）

出站信号机不能开放表现在集中联锁的车站为某一列车准备发车进路时，发车进路锁闭后点亮一条白光带，出站信号机表示灯红色灯光不灭。这种情况下，出站信号机亮红色灯光，车站就不能按正常接车手续将列车开往区间。车站值班员听到信号员报告后，应指示信号员再次开放信号。如果出站信号机表示灯红色灯光仍然不灭，可以视为出站信号机不能开放。出站信号机红色灯光灭灯后，按照信号—安全原则，出站信号机其他灯光也不能点亮，即出站信号机也不能开放。此时列车出发没有出站信号机显示的行车凭证，须发书面凭证。

2. 出站信号机不能显示绿灯仅能显示黄灯

出站信号机不能显示绿灯仅能显示黄灯，表现在自动闭塞集中联锁的车站为某一特快旅客列车办理通过进路时，出站信号机开放后，不能开放一个绿色灯光，只能开放为一个黄色灯光。这种情况下，特快旅客列车通过车站的行车凭证不足，车站将不能按正常通过手续办理列车通过作业。但此时出站信号机还可以开放一个黄色灯光，车站值班员应为列车补足行车凭证，并在进行车机联控时预告司机。

3. 出站信号开放后自动关闭（俗称跳信号）

出站信号机开放后自动关闭表现在集中联锁的车站为某一列车准备好发车进路后，出站信号机已经开放，此时列车尚未出发，出站信号机就自动关闭。这种情况下车站值班员听到信号员报告后，应指示信号员再次开放信号。如果出站信号机表示灯红色灯光仍然不灭，可以视为出站信号机不能开放。此时列车出发没有出站信号机显示的行车凭证，须发书面凭证。

在不同的闭塞设备区段，在出站信号机故障的情况下行车方法、行车凭证也会不同。在自动闭塞区段，遇到出站信号机故障或其他原因造成其不能开放等，不需改变闭塞方式，只要使用自动闭塞的特殊情况发车即可。在半自动闭塞区段，遇到出站信号机故障或其他原因造成其不能开放等，必须停止基本闭塞改电话闭塞法行车。

二、自动闭塞区段特殊情况行车凭证

长期以来，广大铁路职工在长期的生产实践中，摸索总结出确保接发列车安全的宝贵经验。这就是“严三控”（自控、互控、他控），“把三关”（闭塞关、进路关、信号凭证关）和“达四标”（上标准岗、干标准活、用标准语、交标准班）。在“把三关”中，其中把好“信号凭证关”，就是要求车站行车人员在正常情况下接发列车时，严格按照《车站行车工作细则》（以下简称《站细》）规定时机正确及时地开闭信号；在非正常情况下接发列车时，正确及时地填写、交接行车凭证；确保各种情况下接发列车的行车安全。

接发列车时，铁路行车凭证可分为两大类。一类是正常情况下采用的基本行车凭证；另一类是非正常情况下所采用的书面行车凭证。

非正常情况下接发列车使用的书面行车凭证有：

路票（《技规》附件 1）——使用电话闭塞法行车时列车进入区间的行车凭证。

绿色许可证（《技规》附件 2）——用于自动闭塞区段，当出站或进路信号机不能按正常要求开放或在未设出站信号机的线路上发出列车时，列车进入出站方面第一闭塞分区的行车凭证。

红色许可证（《技规》附件 3）——用于一切电话中断时（自动闭塞设备作用良好除外），列车进入区间的行车凭证。

调度命令（《技规》附件 4）——用于向封锁区间开行救援列车或路用列车时，列车进入封锁区间的行车凭证。

出站跟踪调车通知书（《技规》附件 5）——用于出站、跟踪调车时，调车车列越出站界进入区间的行车凭证。该行车凭证虽然不是列车占用区间，但和列车占用区间的性质是一样的。因此，要求车站值班员在使用时应与填发列车的行车凭证一样对待。

对不同的行车凭证，本书会在不同的接发列车任务中进行各种书面行车凭证的填写与使用方法的介绍。

1. 自动闭塞区段特殊情况及行车凭证

自动闭塞区段遇特殊情况发车的行车凭证，在三显示自动闭塞区段如表 3 - 25 所示，在四显示自动闭塞区段如表 3 - 26 所示。

表 3 - 25　　三显示自动闭塞区段特殊情况行车凭证

<table>
<tr><th>列车出发情况</th><th>行车凭证</th><th>发给行车凭证的依据</th><th>附带条件</th></tr>
<tr><td>1. 出站信号机不能显示绿色灯光，仅能显示黄色灯光时，办理特快旅客列车通过</td><td>出站信号机的黄色灯光，发给司机绿色许可证</td><td>监督器表示两个闭塞分区空闲，不表示时为接到列车到达邻站的通知或前次列车发出后不少于 10min 的时间</td><td></td></tr>
<tr><td>2. 出站信号机故障时发出列车</td><td rowspan="3">绿色许可证</td><td rowspan="3">1. 监督器表示两个或第一个闭塞分区空闲（办理特快旅客列车通过必须两个闭塞分区空闲），不表示时为接到列车到达邻站的通知或前次列车发出后不少于 10min 的时间
2. 确认道岔位置正确及进路空闲
3. 单线须取得对方站确认区间内无迎面列车的电话记录</td><td rowspan="3">从监督器上不能确认第一个闭塞分区空闲时，发车人员须书面通知司机，以在瞭望距离内能随时停车的速度，最高不超过 20km/h，运行到第一架通过信号机，按其显示的要求执行</td></tr>
<tr><td>3. 由未设出站信号机的线路上发车</td></tr>
<tr><td>4. 超长列车头部越过出站信号机发车</td></tr>
</table>

续　表

列车出发情况	行车凭证	发给行车凭证的依据	附带条件
5. 发车进路信号机发生故障时发出列车	绿色许可证	确认道岔位置正确及进路空闲	列车到达次一信号机按其显示的要求执行
6. 超长列车头部越过发车进路信号机发车			
7. 自动闭塞作用良好，监督器故障时发出列车	出站信号机的绿色或黄色灯光		与邻站车站值班员及本站信号员联系
8. 双线双向闭塞设备的车站，反方向发出列车	出站信号机的绿色灯光	1. 区间占用表示灯表示区间空闲 2. 双线反方向行车的调度命令	反方向发车进路表示器显示一个白色灯光

表 3－26　　四显示自动闭塞区段特殊情况行车凭证

列车出发情况	行车凭证	发给行车凭证的依据	附带条件
1. 出站信号机不能显示绿色灯光或绿黄色灯光，仅能显示黄色灯光时，办理特快旅客列车通过	出站信号机的黄色灯光，发给司机绿色许可证	监督器表示第一、第二个闭塞分区空闲，不表示时为接到列车到达邻站的通知或前次列车发出后不少于 10min 的时间	
2. 出站信号机故障时发出列车	绿色许可证	1. 监督器表示第一、第二个或第一个闭塞分区空闲（办理特快旅客列车通过必须第一、第二个闭塞分区空闲），不表示时为接到列车到达邻站的通知或前次列车发出后不少于 10min 的时间 2. 确认道岔位置正确及进路空闲 3. 单线须取得对方站确认区间内无迎面列车的电话记录	从监督器上不能确认第一个闭塞分区空闲时，发车人员须书面通知司机，以在瞭望距离内能随时停车的速度，最高不超过 20km/h，运行到第一架通过信号机，按其显示的要求执行
3. 由未设出站信号机的线路上发车			
4. 超长列车头部越过出站信号机发车			

续 表

列车出发情况	行车凭证	发给行车凭证的依据	附带条件
5. 发车进路信号机发生故障时发出列车	绿色许可证	确认道岔位置正确及进路空闲	列车到达次一信号机按其显示的要求执行
6. 超长列车头部越过发车进路信号机发车			
7. 自动闭塞作用良好，监督器故障时发出列车	出站信号机的绿色、绿黄色或黄色灯光		与邻站车站值班员及本站信号员联系
8. 双线双向闭塞设备的车站，反方向发出列车	出站信号机的绿色灯光	1. 区间占用表示灯表示区间空闲 2. 双线反方向行车的调度命令	反方向发车进路表示器显示一个白色灯光

2. 绿色许可证

绿色许可证是自动闭塞区间列车由车站（车场）出发进入出站（出场）方面第一闭塞分区的书面行车凭证。它仅仅指示列车可以由车站（车场）出发运行到次一架通过信号机前。也就是说，它的历史使命是只管出站（出场）方面第一闭塞分区，当列车运行到防护第二闭塞分区的通过信号机前，应按其显示要求执行。

(1) 格式

绿色许可证格式如图 3－10 所示。

附件 2　绿色许可证

许　可　证

第________号

1. 在出站（进路）信号机故障、未设出站信号机、列车头部越过出站（进路）信号机的情况下，准许第________次列车由________线上发车。

2. 在出站信号机显示黄色灯光的状态下，准许第________________次列车由________线上通过。

站（站名印）车站值班员（签名）

年　　月　　日填发

注：1. 绿色纸，复写一式两份，司机一份，存根一份；　　（规格 90mm×130mm）
2. 不用的字句抹消。

图 3－10　绿色许可证

（2）填写与交付

填写绿色许可证时，可由车站值班员或指定助理值班员填写；填写时应复写一式二份，司机一份，车站存根一份；填写的文字、车次、日期要规范；填写的项目要齐全，不用的字句要画掉，画掉字句后要注意语句通顺。

要保证凭证中保留对象的唯一性。例如，信号机是“出站”还是“进路”，二者只能保留一个删去另一个；另外信号机是故障、是未设出站信号机，还是列车头部越过出站信号机，三者只取其一。凭证中的第1项和第2项，用第1项内容，则删去第2项内容；用第2项内容，则删去第1项内容，二者只取其一。

不要漏填、错填，许可证中的“第______号”是本班使用的顺序号，由车站值班员自己编写填记，和值班员签名一样不可遗漏。车次、到发线、日期不可错填、漏填。填写好的凭证要双人核对，正确后交付司机。

填写的绿色许可证必须字迹清楚、内容齐全、印章清晰、不得涂改、填写错误，应画“×”作废。

（3）填写注意事项

一般填写时，第一，填写绿色许可证的编号，注意按每日使用顺序编号；第二，填写第一或第二款项，将内容填写完整，注意字句通顺、车次、线路正确；第三，填写车站值班员姓名及年月日，注意当班日期，尤其零点变日；第四，车站值班员与助理值班员、助理值班员与机车乘务员在绿色许可证填妥后与交付时都应认真执行“复诵”、“核对”制度，其目的是为了保证凭证的正确性，避免错填、漏填、错交行车凭证。对于填写的绿色许可证，如果是车站值班员亲自填写的，填完后首先要自核，对照“行车日志”上记载的日期、列车车次、占用的区间，股道等用笔点读进行核对。交与助理值班员后由助理值班员念读，车站值班员与“行车日志”上的记载进行核对。确认无误后，加盖站名印，由助理值班员交付司机。

三、电话闭塞法

电话闭塞是当基本闭塞设备故障不能使用，或闭塞设备不能满足运行列车的要求（如在无双向闭塞设备的双线区段反方向运行，半自动闭塞区段发出由区间返回的列车等），由两车站（线路所）车站值班员利用站间行车电话，以电话记录的方式办理闭塞。

电话闭塞不论单线或双线，均按站间区间办理。由于电话闭塞没有机械、电气设备的控制，都靠制度加以约束，办理闭塞手续必须严格。出站信号机不能开放，需要填写行车凭证，接发列车进路在一般情况下也失去联锁，除人工确认进路正确外，还要按规定加锁，给车站的行车安全和效率方面带来了巨大影响。

为保证同一区间、同一线路同一时间内不误用两种闭塞法，在停用基本闭塞改用电话闭塞或恢复基本闭塞时，均须根据列车调度员的调度命令办理。

在列车调度员电话不通，得不到调度命令的情况下，应由该区间两端站的车站值班员确认区间空闲后，以电话记录办理。列车调度电话恢复正常时，两端站车站值班员应及时向列车调度员报告。

1. 使用电话闭塞法行车的情况

(1) 基本闭塞设备发生故障（包括自动闭塞区间内两架及其以上通过信号机故障或灯光熄灭）时。

自动闭塞设备发生故障，不能正常办理行车，所以要停止使用，改电话闭塞法行车。例如，自动闭塞电源停电，区间所有通过色灯信号机灭灯，列车没有进入闭塞分区的行车凭证。

自动闭塞区间内如果有两架及以上通过信号机故障或灯光熄灭，势必造成每趟列车都须在两架及以上通过信号机前停车等候 2min，再以最高不超过 20km/h 的速度运行。这样既降低了列车的运行速度，而且有进入不空闲闭塞分区的危险，既降低了行车效率，又难以保证安全，因此，停基改电是最好的解决方案。

半自动和自动站间闭塞设备发生故障的情况有：未办或办理闭塞时，闭塞机表示灯显示错误；列车进入区间或到达车站时，因轨道电路故障，造成闭塞表示灯显示错误；出站信号 机故障或灯光熄灭；使用故障按钮不能办理复原等。这些都不能构成半自动控制，都不能以出站信号机的进行信号作为列车占用区间的凭证，所以应当停止使用。

(2) 发出挂有由区间返回后部补机的列车时，或自动闭塞区间发出由区间返回的列车时。

在半自动闭塞区间，发出挂有由区间返回的后部补机的列车时，列车到达前方站，而补机尚未返回发车站，两邻站可以办理区间开通手续，这样容易造成向占用区间发出列车。

在自动闭塞区间，不能从设备上保证补机或列车未返回发车站前不再向该区间发出列车。为防止车站错误办理，向占用区间再发出列车，造成严重后果，所以必须停用。

(3) 无双向闭塞设备的双线区间反方向发车或改按单线行车时。

双线区间有的未设双向闭塞设备，所以无论是反方向发车，还是改按单线行车，发车站都无反方向的出站信号机，列车进入区间无凭证，必须使用电话闭塞法行车，发给司机路票作为行车凭证。

当双线改按单线行车时，由于未设双向闭塞设备，原反方向发车站必须改用电话闭塞法。对于该区间原定正方向的车站来说，即使能用基本闭塞发出列车，也不允许使用。因为在同一区间、同一条正线上，电话闭塞法和基本闭塞法交替使用，容易造成对向列车进入同一区间，发生严重后果。

（4）半自动闭塞区间，发出须由区间返回的列车，由未设出站信号机的线路上发车，或超长列车头部越过出站信号机并压上出站方面轨道电路发车时。

半自动闭塞区间，发出须由区间返回的列车，由于列车不到达前方站，未驶入前方站的接车轨道电路，闭塞机不能正常办理复原。当列车返回原发车站后，双方站控制台上闭塞表示灯仍着红灯（占用表示），事前须由接车站值班员向列车调度员申请使用故障按钮办理人工复原，事后还需登记运统-46并通知电务，手续多且不安全，所以应停止使用。

由未设出站信号机的线路上发车，或超长列车头部越过出站信号机并压上出站方面的轨道电路时，前者因未设出站信号机，列车进入区间无凭证；后者因发车方面轨道电路已被超长列车头部占用，无法办理闭塞、开放不了出站信号，均需停止使用。

（5）在夜间或遇降雾、暴风雨雪，为消除线路故障或执行特殊任务，开行轻型车辆时。

根据《技规》规定，轻型车辆在夜间或遇降雾、暴风雨雪时，仅限于消除线路故障或执行特殊任务时使用，应按列车办理。轻型车辆装有绝缘车轴，如用基本闭塞，无法使轨道电路动作实现闭塞条件，所以应停止使用基本闭塞。

2. 占用区间的行车凭证

（1）行车凭证

使用电话闭塞法，列车占用区间的行车凭证，不论单线或双线均为路票。路票的格式如图3-11所示。

一般情况下路票填写每次一张，加盖站名印后交给司机。当发出挂有由区间返回的后部补机的列车时，应填写两张，均加盖站名印，一张交本务机车司机，一张加盖“副”字戳记后交给后部补机司机，作为由区间返回车站的凭证。

路　票

电话记录第　　号

车　　　次

日照 ⟶ **日照西**

日照站（站名印）：　　　编号：1 2 3 4 5 6

注：1. 路票为预先印好区间（即站名）和编号的硬卡片；（规格75mm×88mm）

2. 加盖㊀副字戳记者，为路票副页。

图3-11　路票

(2) 填发路票的条件

单线或双线反方向发车(正方向首列发车)时,根据“行车日志”查明区间已空闲,并取得接车站承认,在发车进路准备妥当后,方可填发路票。双线正方向发车时,根据收到的前次发出的列车到达的电话记录,在发车进路准备妥当后,方可填发路票。在收到接车站同意闭塞(双线区间正方向为前发列车到达接车站)的电话记录号码及发车进路准备好了之前,禁止开启路票箱取出路票预先填写。以防颠倒作业程序发生差错或漏项而造成事故。

【案例】 ××年××月××日,10 时 24 分,××站停止使用基本闭塞法改用电话闭塞法办理行车,计划 22563 次交会 11020 次。

11020 次通过后,车站值班员×××忙于填发 22563 次路票而忘记下达准备 22563 次发车进路的命令。路票交递司机后,便盲目指示将 22563 次开出。结果,列车挤坏 2 号道岔,构成“未准备好进路发车”的行车事故。

(3) 填写与交付

路票应由车站值班员或指定的助理值班员填写。车站值班员与助理值班员、助理值班员与机车乘务员在路票填妥后与交付时都应认真执行“复诵”、“核对”制度。其目的是为了保证凭证的正确性,避免错填、漏填、错交行车凭证。对于填写的路票,如果是车站值班员亲自填写的,填完后首先要自核,对照“行车日志”上记载的列车车次、电话记录号码、占用的区间,用笔点读进行核对。交与助理值班员后由助理值班员念读,值班员与“行车日志”上的记载进行核对。确认无误后,加盖站名印,方可送交司机。

双线反方向行车使用路票时,应在路票上加盖“反方向行车”章;两线、多线区间使用路票时,应在路票上加盖“××线行车”章。使用路票、调度命令等书面凭证办理行车时,对其使用区间(含区间停车地点)、车次、电话记录号码等,应特别注意,以防止填写错误而导致行车事故。

对使用完毕、填写时发生差错或临时变更车次等情况而废止的路票,车站(线路所)值班员必须将其画“×”注销,以防废票肇事。

交接凭证,要认真检查是否正确,通过列车凭证交递不上时应停车交付。车站收回凭证后,要确认凭证是否正确,并及时注销保管。为了保证人身及行车安全,便于路票的回收与交递,接递时要使用行车凭证携带器,原则上应停车接递,必须不停车接递时,应采用二人接递的方式,一人接收,一人交递,在列车运行速度不超过 20km/h 的情况下,接车人员应面向来车方向,先接后递,两人站立前后位置不应少于 50m。接递路票时身体不要侵入限界,接递完毕迅速回到安全位置。

3. 电话记录号码

办理电话闭塞,下列各项应发出电话记录号码,并记入“行车日志”:

（1）承认闭塞；

（2）列车到达、补机返回；

（3）取消闭塞；

（4）单线或双线反方向越出站界调车。

电话记录号码自每日零时起至 24 时止，按日循环，同一行车分界点发出的电话记录号码不得重复。

4. 电话闭塞的办理手续

（1）单线区间电话闭塞简要程序如表 3－27。

表 3－27　　单线区间电话闭塞简要程序

程序＼车站	发车站	接车站
办理闭塞	1. 确认区间空闲后，请求闭塞：“××（次）闭塞”	
		2. 确认区间空闲及接车线可以接车，答：“电话记录×号，×时×分，同意×（次）闭塞。”同时记入“行车日志”
	3. 复诵并记入“行车日志”	
发车与接车	4. 准备发车进路	
	5. 填写路票并进行自检及互检	
	6. 将路票交给司机，指示发车。通知接车站：“××次×时×分发车”并向列车调度员报点	
		7. 复诵并准备接车进路，开放信号接车
区间开通		8. 列车到达收回路票画“×”注销，向发车站办理区间开通手续“电话记录×号，××次×时×分到，区间开通”并记入“行车日志”，向列车调度员报点
	9. 复诵电话记录，并记入“行车日志”	

（2）双线区间电话闭塞简要程序如表 3－28 所示。

表 3－28　　双线区间电话闭塞简要程序

程序＼车站	发车站	接车站
预告发车	1. 根据前次发出列车到达接车站的电话记录号码预告开车：“××次预告”	
		2. 复诵：“××次预告”，并填写“行车日志”
发车与接车	3. 准备发车进路	
	4. 填写路票，并进行自检及互检	
	5. 将路票交司机，指示发车	
	6. 通知接车站：“××次×点×分开”，填写“行车日志”并向列车调度员报点	
		7. 复诵：“××次×点×分开”。准备进路，开放信号接车
区间开通		8. 列车到达收回路票，画“×”注销，通知发车站：“电话记录×号，×次×时×分到，区间开通”并填写“行车日志”，向列车调度员报点
	9. 复诵：“电话记录×号××次×时×分到，区间开通”并记入“行车日志”	

四、行车方法

1. 需要使用书面凭证的情况

(1) 出站信号机故障不能开放时；

(2) 道岔或轨道电路故障，致使出站信号机不能开放时；

(3) 由未设出站信号机的线路上发车；

(4) 停电等。

当发生需办理使用书面凭证的情况时，车站值班员应迅速查明原因，并经慎重考虑是否需要改变闭塞方式后，方可按有关规定办理发车。要注意切切不可因臆测、误判或本身操作失误，盲目办理填写凭证而造成行车事故。

2. 发车程序

发车作业程序如图 3－12 所示。

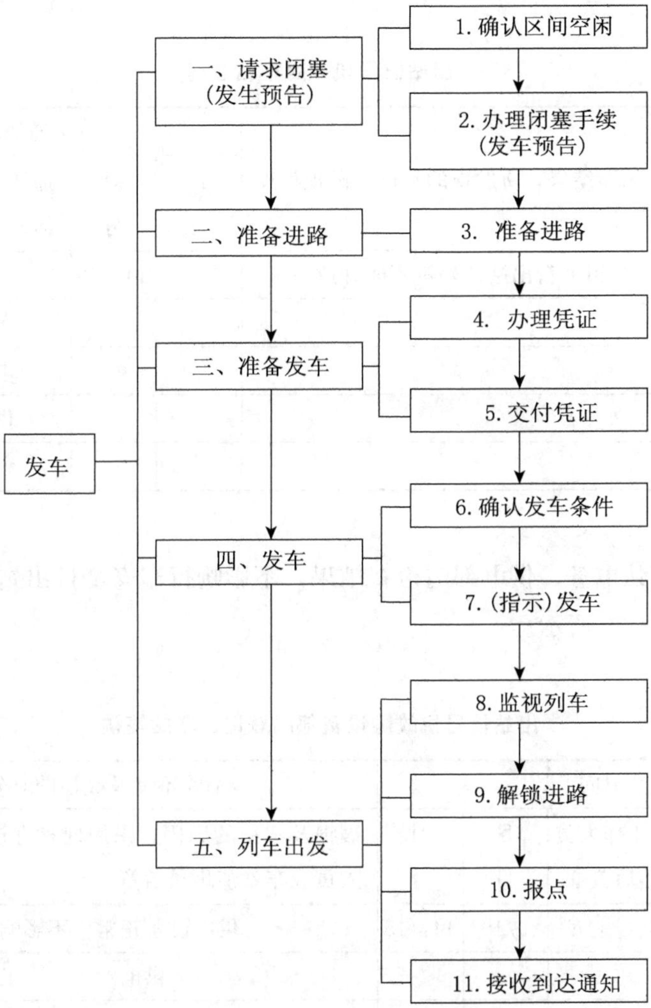

图 3－12　发车作业程序

五、发车应变处理

1. 出站信号机不能开放（含灭灯）发车

故障处理提示：

①闭塞方式：自动闭塞正常，半自动闭塞停止基本闭塞改电话闭塞法；

②排列调车进路锁闭发车进路或进路上的有关道岔和防护道岔单操单锁；

③行车凭证：自动闭塞——绿色许可证，半自动闭塞——路票。

处理程序：

①确认报告列调，抄收调令，通知站长。

②登记运统-46，通知电务、供电部门如表 3－29 所示。

表 3－29　　出站信号机故障车站登记

月日	时分	检查试验结果，所发现的不良及破损程度	通知时间		
			月日	时分	通知的办法（用电报、电话、书面或口头）
9/10	14：05	×道×行出站信号机不能开放	9/10	14：06	电话通知
					车站值班员　王二
					电务　　　　张三
					供电　　　　王五

车站值班员确认电务、供电部门检查结果，不影响行车安全且出站信号机不能马上修复后签认，如表 3－30 所示。

表 3－30　　出站信号机故障设备部门登记、车站签认

到达时间			消除不良及破损的时分及盖章		
月日	时分	该段工作人员到达后盖章	月日	时分	破损及不良的原因，采用何种办法进行修理的。工作人员及车站值班员盖章
9/10	14：10	供电　王五	9/10	14：15	供电设备正常，不影响行车安全
					供电　　　　王五
					车站值班员　王二
9/10	14：11	电务　张三	9/10	14：20	×道×行出站信号机因××，一时难以修复
					电务　　　　张三
					车站值班员　王二

车站值班员报告列车调度员设备部门检查故障结果。

自动闭塞区段用语：经供电部门检查结果不影响行车安全，经电务部门检查结果×道×行出站信号机应××原因，一时难以修复，使用绿色许可证发车。

半自动闭塞区段用语：经供电部门检查结果不影响行车安全，经电务部门检查结果×道×行出站信号机应××原因，一时难以修复，请求停止基本闭塞改按电话闭塞法行车。

列车调度员在自动闭塞区段应答按有关规定办理。在半自动闭塞区段发布停止基本闭塞法改按电话闭塞法行车的调度命令，车站值班员接收调度命令，如图 3－13 所示，向司机转达调度命令，车站办理电话闭塞法行车。

调　度　命　令

_×_年_×_月_×_日_×_时_×_分　　　　第_×_号

受令处所	×站、×道××次司机（车长）	调度员姓名	张三
内容	根据×站报告，因×站×道×行出站信号机故障，自接令时起，×站—×站间停止基本闭塞改电话闭塞法行车		

图 3－13　出站信号机故障停止基本闭塞改电话闭塞法行车调度命令

③核对车次，自动闭塞区段办理发车预告。半自动闭塞区段办理电话闭塞手续。

④排列调车进路锁闭接车进路或对进路上的有关道岔和防护道岔单操单锁。

⑤办理凭证（自动闭塞填写绿色许可证，半自动闭塞填写路票并核对），双人核对，准备发车。

⑥通知助理值班员出场接车，与司机进行车机联控，交付凭证后，确认列车具备发车条件，车站值班员应主动呼叫列车司机。呼叫时机及用语如表 3－31 所示。

表 3－31　车站发车作业

呼叫时机	作业用语		
	作业人	车站值班员	列车司机
列车接近前	呼叫人	××（次）×道发车	
	被呼叫人		××（次）×道发车，司机明白

⑦监视列车出站后，解锁进路。

2. 出站信号机只能显示黄灯发车

故障处理提示：

①发出除特快旅客列车以外的列车正常办理；

②特快旅客列车通过时：正常排列进路，行车凭证为开放的黄灯，并填写绿色许可证。

处理程序：

程序正常，但要注意特快旅客列车通过时预告司机。

3. 出站信号机开放后自动关闭

故障处理提示：

①确认无机车车辆侵入，白光带保留，重复开放信号；

②取消重新办理，不能开放，按出站信号机不能开放办理。

处理程序：

若重复办理后，出站信号机开放，则程序可正常办理。若重复办理，出站信号机开放仍不能开放，按出站信号机不能开放程序办理。

【任务实施与评价】

1. 下发任务单，明确任务内容及考核方式，学生课前按要求完成预习任务；
2. 教师讲解理论知识点，学生分组讨论任务，确定任务实施方式和人员分工；
3. 通过角色扮演的方式完成任务情景模拟；
4. 教师和各组长担当本次任务的他人评价工作，在角色问答中评判同学们任务完成情况。

技能检测

1. 简述出站信号机故障现象及特点。
2. 出站信号机故障时如何接车？
3. 简述使用电话闭塞法的情况。
4. 简述发出电话记录号码的事项。
5. 简述填写行车凭证的条件。
6. 发车进路轨道电路故障如何发车？
7. 车站停电如何发车？
8. 区间停电如何发车？
9. 完成任务书。

学习任务 4　一切电话中断接发列车

任务描述

本次任务需要你作为一名车站值班员能面对列车，独立判定一切电话中断时的状态，包括明确中断的时间、影响情况、发车的权限，确定行车方法并正确选择及填写“行车凭证”，选择并执行接发车作业程序标准等，并能依据规章规定条理清晰地说明你的理由。具体任务见任务单所示。

任　务　单

1. A—B 为单线半自动闭塞区间，甲乙两站均配备信号员。B 站 4 道停有向 A 站发出的 32046 次列车，已知 A 站 3 道停有向 B 站发出的 3459 次列车，无其他列车现两站间一切电话中断。请办理两站的接发车作业。

2. 甲—乙为双线三显示自动闭塞区间，甲乙两站均配备信号员，车站位置如图 3 - 14 所示，甲—乙站上行区间运行时分为 9 分，甲站在 9：20 发出 4 道的 21016 次列车后一切电话中断。现甲站 6 道停有 31018 列车，发出后无后续列车。如果你是甲站值班员请办理 21016 次、31018 列车发车作业。

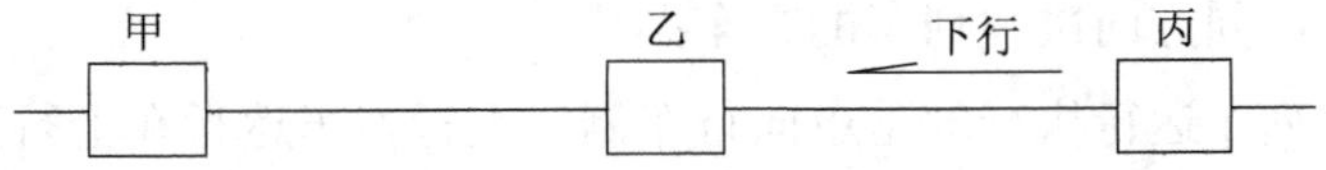

图 3 - 14　车站位置

知识准备

电话联络是行车工作的重要条件，车站在办理闭塞和接发列车时，都要通过电话与邻站及列车调度员进行联系。由于自然灾害和其他原因，造成车站行车室内的一切电话全部中断，无法与相邻车站（线路所）及列车调度所取得行车联络的特殊情况，即为一切电话中断。

一切电话中断这种情况很少遇到，容易被忽视。但很难预料不会发生，因为雷电、洪水、地震等自然灾害及施工挖断电缆等其他原因，都有可能造成一切电话中断。

一、一切电话中断行车办法及凭证

一切电话中断后，车站值班员应立即通知电务通信工区进行修复，并应按规定登记运统-46，报告站长到岗组织有关人员协助工作。

车站一切电话中断后，两邻站值班员无法办理闭塞手续，为了保证不中断行车，必须采用特定的行车办法。

《技规》规定　车站一切电话中断时，单线行车按书面联络法，双线行车按时间间隔法。在自动闭塞区间，如自动闭塞设备作用良好时，列车运行仍按自动闭塞法行车。

1. 单线行车按书面联络法

单线区间上、下行列车均在同一条区间正线上交替运行，一切电话中断后，区间两端站需通过书面联络，确定列车进入区间运行的顺序。

书面联络法是指在单线区间的车站，遇一切电话中断时，相邻两站以规定的书面联络方式确定向区间开行列车的权限和运行顺序的方法。书面联络使用的工具是红色许可证中的“通知书”。在单线区间，列车运行执行的是双向行车制，两相邻站均有权向区间发车。一切电话中断后，按照《技规》规定，由优先发车站向区间发出电话中断后的第一趟列车，然后通过第一趟列车携带的“通知书”建立起联络关系，再确定下一趟列车的发车权。以此类推，行车不致中断，用书面联络代替了电话联络。非优先站如有待发列车时，必须在收到优先发车站送达的发车权限“通知书”后方准发出列车。如果优先发车站无待发列车，应利用一切交通工具，迅速将红色许可证中的通知书送交非优先发车的车站，准许非优先发车的车站发车。

2. 双线行车按时间间隔法

时间间隔法是指前一列车由车站出发后，不论是否到达前方站，准许间隔一定的时间，再向该区间发出同方向次一列车的行车办法。

在双线区间，列车运行执行的是单向行车制，上行列车运行在上行正线，下行列车运行在下行正线。由于双线区间运行的列车可分别固定在区间一条正线上运行，因此，一切电话中断后，区间两端站只准发出正方向列车。

3. 在自动闭塞区间，如自动闭塞设备作用良好时，列车运行仍按自动闭塞法行车

此时电话虽然中断，但车站值班员仍能从监督器上确认列车是否出清第一、第二闭塞分区，区间的通过色灯信号机仍能保证列车运行安全所需间隔。但车站与列车司机应以列车无线调度通信设备直接联系（说明车次及注意事项等）。如列车无线调度通信设备故障时，列车必须在车站停车联系。

4. 行车凭证

列车按书面联络法或按时间间隔法运行时，进入区间的行车凭证为红色许可证，如图3-15所示。

许　可　证

第______号

现在一切电话中断，准许第______次列车自____站至______站，本列车前于______时______分发出的第______次列车，邻站到达通知已未收到。

通　知　书

1. 第______次列车到达你站后，准接你站发出的列车。

2. 于______时______分发出第______次列车，并于______时______分再发出第______次列车。

站（站名印）车站值班员（签名）

年　　月　　日　　填发

注：1. 红色纸，复写一式两份，司机、运转车长各一份，存根一份；（规格 90mm×130mm）

2. 不用的字句抹消。

图 3 - 15　红色许可证

（1）作用

其内容包括许可证和通知书两部分。许可证部分是一切电话中断时列车进入区间的行车凭证。它首先告知司机、运转车长“现在一切电话中断”，准许本次列车进入的区间；其次通知在本次列车前，曾向该区间发出列车的开车时间及是否到达邻站，使本次列车司机了解其运行前方区间是否空闲。如邻站到达通知未收到时，提醒本次列车司机应加强瞭望，防止与前发列车发生追尾。

通知书部分是发车站与接车站确定次一列车占用区间的书面联络书。第一项是发车权的转换。第二项是续发列车的预告。如果本次列车在区间被迫停车，必须立即通知跟踪列车司机并对本次列车尾部进行防护，防止追尾事故发生。

（2）填写注意事项

①有运转车长值乘的列车，填写一式三份，一份交司机、一份交运转车长、一份留存根。无运转车长值乘的列车，填写一式二份。

②填写时必须字迹工整，不得涂改，不用的字句必须抹消。填写错误，应画“×”作废。重新填写。

③填写完毕，双人确认无误后加盖站名印。

④必须坚持发车进路准备妥当后，方准填写。

二、优先发车站的确定

一切电话中断后，有权向区间发出第一趟列车的车站称为优先发车站。确定优先发车站既可以防止区间两端站都向该区间发出列车，造成两对向列车进入同一区间；又可以防止区间两端站都不向该区间发出列车，造成行车中断。为此，单线区间（双线改单线）在一切电话中断前就规定了优先发车的车站，该站在一切电话中断后，可优先发出第一趟列车。下列车站可以优先发车：

1. 已办妥闭塞而尚未发车的车站

办妥闭塞是指一切电话中断前两相邻站已经办好闭塞手续。因为办妥闭塞而尚未发车的车站已取得了发车权，故可优先发车。此时，若司机持有行车凭证时，则不再发给红色许可证，只发给与邻站确定下一个列车发车权的通知书。如无手持的行车凭证时，列车应持红色许可证开往邻站。

2. 未办妥闭塞时，单线区间为开下行列车的车站；双线改为单线行车时，为该线原定发车方向的车站

未办妥闭塞是指一切电话中断前两相邻站未办好闭塞手续。一切电话中断后又无法办理，因此《技规》规定：未办妥闭塞时，单线区间为开下行列车的车站为优先发车站；双线改为单线行车时，为该线原定正方向发车的车站为优先发车站。这样可以在一切电话中断后，两端站可根据《技规》规定，确定本站是否为优先发车站。

3. 同一线路同一方向运行的列车，有上、下行两种车次时，优先发车的车站执行铁路局的规定

三、时间间隔法

发出同方向列车的间隔时间，一切电话中断后，无论单线或双线区间，均无法收到列车到达邻站的通知。发出同方向运行的列车，必须使两列车保持一定的距离。为此，同方向运行的列车必须有一定的间隔时间。

《技规》规定　两列车间隔时间为区间规定的运行时分另加 3min，但不得少于 13min。

同方向两列车间隔时间为区间规定的运行时分另加 3min，但当区间规定运行时分少于 10min 时，其两列车的间隔时间不得少于 13min。这样，在一般情况下前行列车完全可以到达前方站，构成区间空闲。3min 主要是接车站安排后行列车进路的时间，或前发列车在区间被迫停车的防护时间。这样，在一般情况下能保证前次列车已到达邻站，区间腾空后再发出后行列车。

四、半自动闭塞区间发出第一个列车前应查明区间空闲

半自动闭塞区间在正常情况下办理闭塞时，应确认区间空闲。当一切电话中断后，发出第一个列车前更需要查明区间空闲。

第一趟列车的发车站，在发出第一趟列车前必须查明区间空闲。一切电话中断前发出的列车是按正常闭塞法行车的，如果列车未到达邻站，在电话中断后不确认区间空闲即按电话中断时的方法向区间发出列车，可能造成两个列车进入同一区间。前行列车被迫停车后根据原闭塞法的要求可能退行，也可能不进行防护，因而给行车安全带来威胁。因此，无论单线还是双线，发出第一个列车必须查明区间空闲。

五、一切电话中断时禁止发出的列车

在电话中断时，行车指挥和站间联系都很困难。为保证列车运行安全，对于不十分紧要的列车或可能引起不安全因素的列车，禁止开行。因此，一切电话中断时，禁止发出下列列车：

（1）在区间内停车工作的列车（救援列车除外）；

（2）开往区间岔线的列车；

（3）须由区间内返回的列车；

（4）挂有由区间内返回后部补机的列车；

（5）列车无线调度通信设备故障的列车。

六、一切电话中断时区间封锁与开通

1. 封锁区间

电话中断时间内，如因列车在区间发生事故或线路故障，造成行车中断时，必须立即组织救援和抢修，尽快恢复行车。如需封锁区间时，由接到请求的车站值班员，以书面（应加盖站名印及车站值班员签名或盖章）通知封锁区间的相邻车站。如需开行救援列车时，以车站值班员的书面命令（使用调度命令卷书写）作为进入封锁区间的凭证。

2. 开通区间

抢修或救援工作完，应及时开通被封锁的区间。

（1）单线区间，由接到请求开通封锁区间的车站值班员，在确认区间空闲（或线路恢复正常状态）后，以书面形式通知该区间的相邻车站，然后按电话中断行车办法行车。

（2）双线区间，接到请求开通封锁区间的车站，如原定发车方向为正方向时，在确认区间空闲（或线路恢复正常状态）后，即可发车；如原定发车方向不是正方向时，应以书面形式尽快通知相邻车站，恢复行车。

在电话联络恢复后，再将封锁区间事项报告列车调度员。

七、单线区间车站电话呼唤5分钟无人应答时的行车办法

单线区间的车站，经以闭塞电话、列车调度电话或其他电话呼唤 5 min 无人应答时，应由列车调度员查明该站及相邻区间确无列车（包括单机、动车及重型轨道车）后，发布调度命令封锁不应答站的相邻两区间，按封锁区间办法向不应答站发出列车，列车凭调度命令进入区间。由于事先不了解不应答站的情况，为保证进入封锁区间列车的安全，无论不应答站的进站信号机是否开放，列车都必须在进站信号机外停车。判明站内情况及确认接车进路准备妥当后再行进站。列车进站后，运转车长（无运转车长时为司机）或车站值班员将经过情况报告列车调度员。若该站电话不通或不能使用时，列车继续运行至前方站，向列车调度员汇报。

【任务实施与评价】

1. 下发任务单，明确任务内容及考核方式，学生课前按要求完成预习任务；
2. 教师讲解理论知识点，学生分组讨论任务，确定任务实施方式和人员分工；
3. 通过角色扮演的方式完成任务情景模拟；
4. 教师和各组长担当本次任务的他人评价工作，在角色问答中评判同学们任务完成情况。

技能检测

1. 什么是一切电话中断？
2. 简述一切电话中断后的行车方法。
3. 简述优先发车站的确定。
4. 简述同方向列车时间间隔。
5. 简述一切电话中断后禁止发出的列车。
6. 完成任务书。

项目四 运行条件变化接发列车作业

知识目标

1. 运行条件变化接发列车作业的特点；
2. 运行条件变化情况与处理程序；
3. 双线双向与双线单向自动闭塞；
4. 双线反方向或改按单线行车特点；
5. 车站无空闲线路；
6. 超长、超限列车特征。

能力目标

1. 正确判断运行条件变化情况；
2. 正确选择接发列车方法及办理；
3. 行车凭证选择与填写。

任务导入

本项目你的任务是面对列车能独立判定运行条件变化的情况，并借助6502电气集中或计算机联锁设备、闭塞设备等不同作业条件载体训练你对运行条件的控制与处置能力。熟悉不同运行条件特点及应对的方法与处理程序。对此，你需要理论与实践的练习，在练习过程中，你会逐步掌握本项目中完成各任务应具备的所有技能，包括相关的背景知识，这也是学习中非常重要的一部分。

为达到真正的学习效果，并最终能独立完成任务，你应该在准备阶段多渠道、全方位的了解相关知识，更重要的是必须学会独立思考问题，而不是简单地看书、听讲、完成任务。

在完成这一任务时，请尽量始终遵循以下规则：

在做每一小项任务前，都要先获取有关方面的信息（信息获取的重点在“任务单”）。

这就是说，不仅学会如何正确判定运行条件及其接发列车的方法，而且要掌握的是：运行条件发生变化对接发列车作业有哪些影响？接发列车作业方法的判定涉及哪些方面，它们之间有什么联系？在判定工作中你的主要依据是什么，从哪里获取这些依据？你如何正确运用规章条款为判定工作服务？等等。

请你始终独立处理信息并且借助相应的工作技巧，给文本作标记、记录，制作并展示你的学习卡片等，对于长期保存信息来说这些都是非常有效的工作策略。请你始终要以书面形式记录关于任务的相关信息！

学习任务1　双线反方向或改按单线接发列车作业

任务描述

本次任务需要你作为一名车站值班员能面对列车，独立判定双线反方向或改按单线行车情况及条件，包括明确行车特点及条件、发生的时机、运行条件变化处理程序、确定接发列车方法，选择并执行接发列车作业程序标准等，并能依据规章规定条理清晰地说明你的理由。具体任务见任务单所示。

任　务　单

1. 甲—乙为双线单向自动闭塞区间，甲乙两站均配备信号员。甲站3道停有待发列车32045次，甲站接入乙站开来的列车1308次后，接到列车调度员命令32045次反方向运行，请甲、乙两站分别办理32045次列车的发车、接车作业。

2. 乙—丙为双线单向自动闭塞区间，甲乙两站均配备信号员。乙站3道停有待发列车K253次列车，现知乙—丙区间下行线因工务施工封锁改按单线行车，请乙、丙两站分别办理K253次列车发车、接车作业。

3. 甲—乙为双线双向自动闭塞区间，甲乙两站均配备信号员。乙站4道停有待发列车32048次。乙站向甲站发出1105次列车，接到列车调度员命令32048次反方向运行，请甲、乙两站分别办理32048次列车的发车、接车作业。

知识准备

一、运行条件变化处理程序

运行条件变化改变了列车运行的条件。通常会发生列车在运行不能按照原来的设备提供的条件使用，或设备达不到列车运行所需的正常条件，或列车自身有与其他列车不同的运行条件要求。如列车在双线单向反方向运行时，设备就不能提供闭塞设备的保护。

运行条件变化主要有双线反方向或改按单线行车、向非到发线接车、由未设出站信号机的线路发车、出站信号机只能亮黄灯发车、列车头部越过出站信号机的超长列车发车、车站无空闲线路接车、列车退行等情况，还有如特快旅客列车、超长列车、超限列车等特殊条件的列车。其中向非到发线接车、由未设出站信号机的线路发车、出站信号机只能亮黄灯发车、列车头部越过出站信号机的超长列车发车等可以通过分析找出与行车设备故障的一些办理特点，在本书中就不列为典型工作任务介绍。

发生运行条件变化，车站值班员应清楚处理程序及程序中所涉及的用语、调度命令的请求与接收，并判断接发列车作业的依据及确定作业方法。

无论何时发生运行条件变化，车站作业人员均应及时报告车站值班员。车站值班员应根据条件变化情况做出初步判断，并及时进行应变处理。

运行条件变化处理程序如图 4－1 所示。

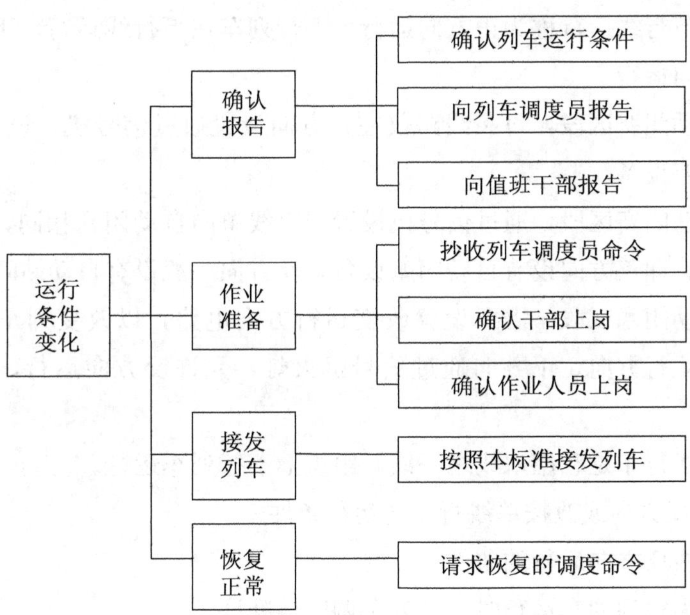

图 4－1　运行条件变化处理程序

1. 确认报告

车站值班员主要是通过信号员、助理值班员等确认运行条件变化的现象，及时联系或报告列车调度员、车站值班干部，以便他们了解现场情况，组织指挥列车运行。

2. 作业准备

车站值班员确认运行条件变化情况，报告列车调度员并请求及接收调度命令。列车调度员根据车站值班员的请求，下达调度命令。车站值班员将调度命令登记在附件七“调度命令登记簿”上。根据需要再誊抄在附件四调度命令上，或在TDCS系统上接收后直接打印。通知作业人员上岗，确定接发列车作业方法（多方向车站要核对列车运行计划）。

3. 接发列车

车站值班员根据确定的接发列车作业方法，运行条件变化的时机、影响，按接发列车作业程序继续完成接车或发车作业。各非正常情况接发列车的具体办法后面详述。

4. 恢复正常

车站值班员确认运行条件恢复正常，再报告列车调度员，有必要时请求恢复正常接发列车作业的调度命令。

二、双线反方向改按单线行车特点及条件

1. 双线自动闭塞特点

双线自动闭塞通常分为双线单向自动闭塞和双线双向自动闭塞。上行列车在上行线运行、下行列车在下行线运行称为正方向运行。上行列车在下行线运行、下行列车在上行线运行则称为反方向运行。

双线单向自动闭塞区段，每条线路仅在正方向设置通过信号机，设有自动闭塞设备。反方向则没有闭塞设备。

双线双向自动闭塞区段，通过信号机设置与双线单向自动闭塞相同，但每条线都允许双方向运行列车。即正方向设有自动闭塞设备，反方向一般设有自动站间闭塞。

双线双向自动闭塞区段，需要设置改变运行方向电路，以改变列车在区间的运行方向。只有改变了运行方向，正方向通过信号机灭灯，允许反方向运行，构成双线反方向行车。

双线改按单线行车是利用双线之一线，组织上下行列车运行。

2. 准许双线反方向或改按单线行车的运行条件

（1）准许双线反方向运行的条件

①货物列车为整理列车运行时，经列车调度员准许。

②旅客列车仅在正方向区间的线路封锁施工、发生自然灾害或因事故中断行车等特殊情况下，经铁路局调度所值班主任准许。

（2）准许双线改按单线行车的情况

①双线之一线封锁施工时；

②双线之一线发生故障或自然灾害时；

③双线之一线发生行车事故中断行车时。

发生双线反方向或改按单线行车的情况，列车运行必须按站间区间行车；还须取得调度员的“调度命令”准许。双线单向区段反方向没有闭塞设备，所以必须停止基本闭塞改电话闭塞法行车。双线双向区段反方向通常设有自动站间闭塞设备，可以实现正常行车。

【案例】××年××月××日，15时40分，××线乙站—丙站间742km＋800m处。因乙站道岔施工，××列车调度员发出调度命令，准许乙站的43021次改为向上行线发车(反方向行车)，但未通知与其相邻的丙站。

在丙站不知道下行线停用的情况下，乙站值班员与丙站办理了43021次列车的反方向闭塞。之后，乙站又盲目地同意了丙站值班员的11312次列车的正方向（上行线的重叠）闭塞。结果，乙站于15时29分由2道发出了43021次，反方向开入上行线的同时，丙站通过的11312次也于15时34分正方向进入上行线，致使两列车在区间742km＋800m处发生正面冲突。造成机车乘务员死亡3人、伤1人、机车报废1台、大破1台、货车报废12辆、大破2辆、上行线中断行车55小时50分，下线中断行车22小时20分，直接经济损失达98.60万元。

这起事故的主要责任者乙站车站值班员×××，重要责任者××、列车调度员××，均被追究刑事责任。

三、双线反方向或改按单线行车办法

1. 双线反方向发车办法

(1) 必须有调度命令。

(2) 双线区间设有反方向闭塞设备时，列车进入区间的行车凭证为调度命令和出站信号机显示的进行信号，并确认反方向发车进路表示器的白色灯光；未装设反方向发车进路表示器时，发车人员通知司机及运转车长后，列车凭调度命令和出站信号机显示的进行信号进入区间。双线区间未设反方向闭塞设备或反方向闭塞设备故障时，应停止基本闭塞法，改按电话闭塞法行车，并在路票上加盖“反方向行车”章。

(3) 布置准备发车进路的命令时，要说明反方向发车。

(4) 发给司机反方向运行的调度命令，无双向闭塞设备的双线区间还要发给司机路票，路票上注明反方向发车。

(5) 双线双向自动闭塞区段反方向行车以及双线改单线时，应执行以下行车办法：

列车在双线双向区段使用自动站间闭塞设备反方向运行时，按站间区间掌握，列车凭出站信号机的绿色灯光进入区间。

①车站值班员在办理反方向行车或恢复正方向行车前，须得到列车调度员的调度命令，两邻站车站值班员共同确认区间空闲。

②发车时，发车站确认控制台上区间监督表示器在灭灯状态并取得接车站值班员同意后，方可准备发车进路，开放出站信号。

③车站值班员应将列车的发、到时刻通知邻站，记入行车日志，并在记事栏内注明“反”字。

④当出站信号机故障不能显示绿色灯光时，应停止使用自动站间闭塞。

双线双向区段反方向设有自动闭塞设备的区段列车反方向运行时，比照上述规定办理。不同的是，当出站信号机不能显示绿色灯光时，列车可按照有关规定凭出站信号机的绿黄色灯光或黄色灯光进入区间。

双线双向区段改单线行车时，应根据调度命令按站间区间掌握行车。

2. 双线反方向接车办法

（1）布置准备接车进路的命令时，说明反方向接车。

（2）开放进站信号机接车或引导接车。

3. 双线改按单线行车办法

（1）根据列车调度员命令封锁区间的一条线路改按单线行车。

（2）无双向闭塞设备的双线区间停止基本闭塞法改用电话闭塞法行车，办理单线电话闭塞手续，列车占用区间行车凭证为路票。

（3）接车时，开放进站信号机接车或引导接车。

四、双线反方向或改按单线接发列车应变处理

（一）双向闭塞设备的车站改变发车方向

1. 正常办理改变发车方向

正常办理改变发车方向是指车站控制台改变发车方向设备处于正常状态时，需改变方向的办理方法。

改变发车方向的前提：设甲站处于接车站状态，其接车方向表示灯黄灯点亮，乙站处于发车状态，其发车表示灯绿灯点亮，并且区间空闲，监督区间表示灯灭灯。

（1）作业准备

需要改变发车方向时，通知值班干部上岗监控，向列车调度员报告，请求并接收反方向行车的调度命令，方可办理接、发车作业。

（2）作业要点

原接车站要办理反方向发车，车站值班员根据列车调度员下达的反方向行车的调度命令，在确认列车整列到达、监督区间表示灯灭灯、区间空闲后，等待13s，登记破封按下改变方向按钮（改变方向按钮为二位非自复式按钮，按下后闪绿灯或红灯），此时，车站值班员只要办理发车进路，接车站就可变为发车站，原发车站就变为接车站。接车站改为

发车站后，其接车方向表示灯熄灭，发车方向表示灯绿灯点亮；发车站改为接车站，其发车表示灯熄灭，接车表示灯黄灯点亮，此时，拉出改变方向按钮即可。

当甲站出站信号机开放后及列车在区间运行时，两站的监督区间表示灯同时点亮红灯。列车完全驶入乙站，区间空闲后，甲站未再办理发车进路时，等待 13s 后，监督区间表示灯灭灯。

2. 辅助办理改变发车方向

(1) 办理时机

辅助办理改变发车方向是当办理改变发车方向的过程中，反方向设备出现故障时的一种辅助办理方式。故障现象一般有两种：

一是当监督区间电路发生故障（监督区间表示灯点亮红灯）时，辅助办理改变发车方向的办理。

二是当设备故障（电源突然瞬间停电或改变方向电路瞬间故障），不能继续完成正常改变发车方向的工作，使两站均处于“接车”状态（即接车站的接车表示灯亮黄灯，发车站的发车表示灯也亮黄灯），通过正常办理手续无法改变发车方向，必须辅助办理。

(2) 作业准备

当设备发生故障出现两站的监督区间表示灯均显示红色灯光时或当设备因故障出现“双接”情况时，车站值班员应立即通知值班干部上岗监控，并向列车调度员报告，通知电务人员到岗并在“行车设备检查登记簿”内登记。两端站及列车调度员共同确认区间空闲，请求并接收列车调度员发布使用“总辅助按钮”的调度命令。

(3) 作业要点

双方站车站值班员在辅助办理前必须先确认区间空闲。此时，原接车站若要改为发车站，须经原发车站同意后，两站共同完成辅助办理手续，方可改变发车方向。

办理时先由原接车站值班员登记破封按下本咽喉的“总辅助按钮”和“发车辅助按钮”，发车辅助办理按钮表示灯闪白灯，表示本站正在进行辅助办理，这时要求原接车站值班员仍需继续按压“发车辅助按钮”。

与此同时原发车站值班员也登记破封按下“总辅助按钮”和“接车辅助按钮”，使原接车站发车辅助办理表示灯由闪光变为稳定白灯；原发车站接车辅助办理表示灯显示稳定白灯，表示原发车站也已经开始进行辅助办理。此时，原发车站值班员可不再按压接车辅助按钮，辅助办理表示灯灭灯，表示本站辅助办理结束。原发车站已被改为接车站，这时接车方向表示灯显示黄灯（原发车表示灯绿灯灭灯）。

原接车站值班员要在发车方向表示灯亮绿灯后，方可松开发车辅助按钮，表示本站已改为发车站，辅助办理改变发车方向已经完成，但辅助办理表示灯仍点亮白灯，表示本站尚未办理发车进路。

当排列进路列车出发越过出站信号机时，辅助办理表示灯灭灯。待列车进入区间后拉出总辅助按钮，整个改变运行方向过程结束。

辅助办理时，发车站如果在发车方向改变过 9s 之后其监督区间表示灯仍不熄灭，此时辅助办理未成功，不能开放出站信号发车，只能停止基本闭塞法改电话闭塞法行车。

列车出发进入区间后，拉出总辅助办理按钮。

（4）注意事项

①遇有改变方向和辅助办理时，接车站车站值班员应立即通知值班干部上岗监控，并向列车调度员报告，通知电务人员到岗并在“行车设备检查登记簿”内登记，与发车站及列车调度员共同确认区间空闲，请求并接收反方向行车的调度命令，需使用总辅助按钮进行辅助办理时，请求并接收使用“总辅助按钮”的调度命令。按上述办理过程配合发车站进行辅助办理。辅助办理成功后正常办理接车，如不成功立即按双向闭塞设备反方向设备故障办理。

②为了保证不间断地接发列车出现故障时辅助办理只能办理一次。

（二）双向闭塞设备的双线反方向、改按单线行车或恢复双线正方向行车

（1）正常情况下，设有改变方向按钮时，对改变运行方向的线路，按压改变方向按钮，恢复正方向，再办理发车。

（2）对按压改变方向按钮仍不能恢复正方向或出现区间遗留红光带等设备故障的情况时，按使用辅助办理的方法恢复正方向后，方可办理发车。

（3）反方向行车后，正方向发车时，车站由于行车设备施工或故障等原因需使用绿色许可证按非正常办法办理发车时，发车站亦须办理改变方向手续，使区间通过信号机恢复正常显示后，办理发车。否则区间通过信号机显示红色灯光，列车不能正常运行。

（三）双线反方向接车（含双向闭塞设备反方向设备故障）

1. 作业准备

通知值班干部上岗监控，接收列车调度员发布的双线反方向行车和停止基本闭塞法改按电话闭塞法行车的调度命令。

2. 作业要点

车站值班员根据列车调度员的命令，停止基本闭塞法改按电话闭塞法行车。根据闭塞表示灯、TDCS 终端显示、“行车日志”及各种安全帽确认区间空闲，与发车站办理闭塞手续，发出同意闭塞的电话记录号码，上行为双号，下行为单号。闭塞办理妥当后，揭挂“区间占用”安全帽。

反方向接车时，设有双向闭塞设备的车站，可以开放进站信号机办理接车。

反方向接车时，未设双向闭塞设备的车站，开放调车信号锁闭进路（调车进路不能完全锁闭整个进路时，其他未锁闭道岔单独锁闭）或单操道岔（含防护道岔）准备进路，并单独锁闭。通过控制台按下接通光带按钮确认进路正确后，指示引导员到《站细》规定地点，显示引导手信号接车。

引导接车的调度命令可连同前发停止基本闭塞法的命令下达。

列车到达后，收回占用区间凭证，向发车站发出“列车反方向到达”的电话记录号码，办理区间开通手续，摘下“区间占用”安全帽。

（四）双线单向反方向发车（含双向闭塞设备反方向设备故障）

1. 作业准备

通知值班干部上岗监控，请求并接收列车调度员发布双线反方向行车和停止基本闭塞法改按电话闭塞法行车的调度命令。

2. 作业要点

车站值班员根据列车调度员的命令，停止基本闭塞法改按电话闭塞法行车。根据闭塞表示灯、TDCS终端显示、“行车日志”及各种安全帽确认区间空闲，与接车站办理闭塞手续，抄收接车站同意闭塞的电话记录号码，上行为双号，下行为单号。闭塞办理妥当后，揭挂“区间占用”安全帽。

开放调车信号锁闭进路（调车进路不能完全锁闭整个进路时，其他未锁闭道岔单独锁闭）或单操道岔（含防护道岔）准备进路，并单独锁闭。通过控制台按下接通光带按钮确认进路正确后，核对车次、区间、电话记录号码，方可填写路票，并在路票右上角加盖“反方向行车”章。

助理值班员与车站值班员认真核对路票、调度命令，核对正确，通过控制台再次确认发车进路正确后（由于设备的关系助理值班员不能通过控制台确认发车进路时可不确认），与司机核对路票、调度命令，无误后一并交给司机，有运转车长值乘的列车还应向运转车长转达调度命令，确认发车条件具备，指示发车或发车。

列车出发后，向接车站通知发车时刻，提醒接车站“反方向运行”。列车到后，接收接车站列车到达的电话记录号码，办理区间开通手续。摘下“区间占用”安全帽。

（五）双线改按单线行车的接车

1. 作业准备

通知值班干部上岗监控，接收列车调度员发布的双线改按单线行车、停止基本闭塞法改按电话闭塞法行车的调度命令。

2. 作业要点

车站值班员根据列车调度员的命令，停止基本闭塞法改按电话闭塞法行车。根据闭塞表示灯、TDCS终端显示、“行车日志”及各种安全帽确认区间空闲，与发车站办理闭塞手续，发出同意闭塞的电话记录号码，上行为双号，下行为单号。闭塞办理妥当后，揭挂“区间占用”安全帽。

正方向接车时，可以开放进站信号机办理接车。

反方向接车时，设有双向闭塞设备的车站，可以开放进站信号机办理接车。

反方向接车时，未设双向闭塞设备的车站，开放调车信号锁闭进路（调车进路不能完全锁闭整个进路时，其他未锁闭道岔单独锁闭）或单操道岔（含防护道岔）准备进路，并单独锁闭。按下接通光带按钮，通过控制台上的白色光带确认进路正确。指示引导员到《车站行工作细则》（以下简称《站细》）规定地点，显示引导手信号接车，引导接车的调度命令可连同前发停止基本闭塞法的命令下达。

列车到达后，收回占用区间凭证，向发车站发出“列车到达”的电话记录号码，办理区间开通手续，摘下“区间占用”安全帽。

（六）双线改按单线行车的发车

1. 作业准备

通知值班干部上岗监控，接收列车调度员发布的双线改按单线行车和停止基本闭塞法改按电话闭塞法行车的调度命令。

2. 作业要点

车站值班员根据列车调度员的命令，停止基本闭塞法改按电话闭塞法行车。根据闭塞表示灯、TDCS终端显示、“行车日志”及各种安全帽确认区间空闲，与接车站办理闭塞手续，抄接车站发出同意闭塞的电话记录号码，上行为双号，下行为单号。闭塞办理妥当后，揭挂“区间占用”安全帽。

开放调车信号锁闭进路（调车进路不能完全锁闭整个进路时，其他未锁闭道岔单独锁闭）或单操道岔（含防护道岔）准备进路，并单独锁闭。按下接通光带按钮，通过控制台上的白色光带确认进路正确后，核对车次、区间、电话记录号码，方可填写路票。

助理值班员与车站值班员认真核对路票，调度命令、核对正确，通过控制台再次确认发车进路正确后（由于设备的关系助理值班员不能通过控制台确认发车进路时可不确认），与司机核对路票及调度命令无误后交给司机，有运转车长值乘的列车还应将调度命令向运转车长转达，确认发车条件具备，指示发车或发车。（正方向发出列车时，必须采用排列调车进路的方法准备发车进路，不可开放出站信号，以防司机误认信号）。

列车到达邻站后，接收接车站列车到达的电话记录号码，办理区间开通手续，摘下“区间占用”安全帽。

【任务实施与评价】

1. 下发任务单，明确任务内容及考核方式，学生课前按要求完成预习任务；
2. 教师讲解理论知识点，学生分组讨论任务，确定任务实施方式和人员分工；
3. 通过角色扮演的方式完成任务情景模拟；

4. 教师和各组长担当本次任务的他人评价工作，在角色问答中评判同学们任务完成情况。

技能检测

1. 简述运行条件变化的处理程序。
2. 简述准许反方向运行的条件。
3. 简述准许双线改按单线行车的情况。
4. 分析双线反方向或改按单线行车的方法。
5. 双线反方向或改按单线行车如何接发车?
6. 完成任务书。

学习任务2　车站无空闲线路接车作业

任务描述

本次任务需要你作为一名车站值班员能面对列车，独立判定车站线路使用情况，包括无空闲现象及特点、接车线停留车位置和空闲地段的长度、确定采用接车限制及接车方法，选择并执行接车作业程序标准等，并能依据规章规定条理清晰地说明你的理由。具体任务见任务单所示。

任　务　单

甲站有3股道。3道停有列车33107次列车，机车乘务员超劳等待换班；2道停有19056次机故（距警冲标50米）；1道停有工务大修队的路用列车，计划区间卸料。本班无开车计划。邻站开出58102次（单机）来牵引19056次，请甲站办理58102次列车的接车作业。

知识准备

一、站内无空闲线路现象及特点

站内无空闲线路是指站内正线、到发线以及可按引导接车的其他站线（如调车线、货物线）均有车占用或因线路故障不能正常接车的情况。

站内无空闲线路也会造成进站信号机不能开放。站内无空闲线路情况下，车站没有开出计划。一旦邻站有列车开来，本站没有线路可以接车，势必造成列车机外停车。此时应考虑腾空线路。

二、对接入列车的限制

《技规》第283条　在站内无空闲线路的特殊情况下，只准接入为排除故障、事故救援、疏散车辆等所需的救援列车、不挂车的单机、动车及重型轨道车。上述列车均应在进站信号机外停车，由接车人员向司机通知事由后，以调车手信号旗（灯）将列车领入站内。

三、接车办法

1. 接车前的准备

接车前，车站值班员应亲自或派人确认接车线停留车位置和空闲地段的长度。若距离不够，应指示其向前或向后移动，保证能容纳下接入的列车。如接车线内停有机车、动车、重型轨道车，接车前应通知司机不得移动位置。

2. 接车方法

接车时不开放进站信号机，也不使用引导接车办法，接车人员应站在进站信号机（或站界标）外方，显示停车手信号。所接列车在站外停车后，由接车人员将接车线路、停留车位置、列车停车地点及有关注意事项告知司机，然后接车人员登乘机车，以调车手信号旗（灯）按调车办法将列车领入站内。

四、接车应变处理

1. 作业准备

在站内无空闲线路的情况下，仅限于接入为排除故障、事故救援、疏解车辆等所需要的救援列车、不挂车的单机、动车及重型轨道车。向列车调度员报告车站线路占用情况，根据列车凋度员的指示做好接车准备。通知值班干部上岗监控，同时指派胜任人员现场检查接车股道内的停留车位置，能否容纳所接列车。接车线内如停有机车、动车及重型轨道车时，应通知司机不得移动。

2. 作业要点

开放调车信号锁闭进路（调车进路不能完全锁闭整个进路时，其他未锁闭道岔单独锁闭）或单操道岔（含防护道岔）准备进路，并单独锁闭。按下接通光带按钮确认进路正确。

确认列车在进站信号机外停车后，由接车人员到站外通知司机事由及注意事项。接车人员登乘机车以调车手信号旗（灯）将列车领入站内接车线，停于指定地点。

【任务实施与评价】

1. 下发任务单，明确任务内容及考核方式，学生课前按要求完成预习任务；
2. 教师讲解理论知识点，学生分组讨论任务，确定任务实施方式和人员分工；
3. 通过角色扮演的方式完成任务情景模拟；
4. 教师和各组长担当本次任务的他人评价工作，在角色问答中评判同学们任务完成情况。

技能检测

1. 何为车站无空闲线路？
2. 车站无空闲线路接车有何限制？
3. 车站无空闲线路时如何接车？
4. 完成任务书。

学习任务3　特殊列车接发作业

任务描述

本次任务需要你作为一名车站值班员能面对列车，独立判定列车的特殊性，包括运行要求、运行条件、确定接发列车方法，选择并执行接发列车作业程序标准等，并能依据规章规定条理清晰地说明你的理由。具体任务见任务单所示。

任　务　单

1. 甲—乙为双线三显示自动闭塞区间，甲乙两站均配备信号员。甲站3道停有开往乙站的超长列车41025次。请甲、乙两站分别办理41035次列车的发车、接车作业。

2. 甲—乙为单线半自动闭塞区间，甲乙两站均配备信号员。乙站向甲站发出11056次列车后5分钟，接到司机请求退行。请乙站办理11056次列车的退行作业。

知识准备

一、特快旅客列车

（一）原规定为通过的旅客列车由正线变更为到发线接车

原规定为通过的旅客列车由正线变更为到发线接车，分两种情况：一种变更为由到发线通过，另一种变更为在到发线停车。由于旅客列车的运行速度高，当旅客列车由正线通过车站改为侧线通过或停车时，由于有些到发线上的道岔为12号，侧向运行受45km/h（AT弹性可弯尖轨为50km/h）速度的限制。由于道岔曲线半径小，又无外轨超高。再者，进站信号机前方的预告信号机，只能预告进站信号机的开放状态，不能预告道岔开通位置。因此，为了保证旅客安全，原规定为通过的旅客列车由正线变更为到发线接车时，除有关信号机的正常显示外，还要采取以下措施：

（1）须经列车调度员准许，以严格控制及监督车站接发列车线路的使用。

（2）预告司机，使司机提前做好准备。

（3）如果来不及预告时，使列车在站外停车后，再开放进站信号机，接入站内。

（4）特快旅客列车从正线上通过时，作业人员须提前停止在列车的通过线上和相邻线路通过列车一侧的作业。

对原规定在车站正线停车的旅客列车，由正线变为到发线接车时，由于司机已有在站停车的准备，可以控制列车速度，故不必采取上述措施。

（二）特快旅客列车接发作业

特快列车具有技术质量高，运行速度快，行车条件严格，安全措施严密等显著特点。

1. 特快旅客列车基本作业要求

为了进一步加强特快旅客列车的行车组织，完善有关作业办法，提高行车安全系数，对其基本作业提出了更高的要求。

（1）各级列车调度员、车站值班员及有关行车人员对特快旅客列车必须重点掌握，严格按列车运行图行车，确保列车安全、正点运行。

特快旅客列车通过车站时，应在正线上办理。遇特殊情况必须变更基本进路时，须经列车调度员准许并预告司机；如来不及预告时，应使列车在站外停车后，开放信号机，再接入站内。

（2）按自动闭塞法行车，特快旅客列车通过车站时，出站信号机应显示绿黄色灯光或绿色灯光。

特快旅客列车的紧急制动距离值为：列车运行速度在120～160km/h时，紧急制动距离限值为1400m；列车运行速度在160～200km/h时，紧急制动距离限值为2000m。

特快旅客列车发生意外而不危及本列车安全时，可不停车，继续运行。同时，使用列车无线调度通信设备报告就近车站处理。

（3）车站停止影响特快旅客列车进路的调车作业和准备列车进路、开放进出站信号的时机，应严格执行《站细》规定的时间，严禁调车“抢钩”作业。

集中联锁类继电联锁的车站办理特快旅客列车进路后，须在控制台按钮上加盖醒目的“特快”帽，办理其他客车进路后，亦应加盖“客车”帽。计算机联锁车站也应制订具体的监控措施。

车站值班员接到前方站特快旅客列车预告后，应按《站细》规定时间，通知有关作业人员到岗接车，监护列车安全运行。

2. 特快旅客列车基本安全措施

为确保特快旅客列车的运行安全，对列车编组、故障处理、行车速度以及有关施工安全等，有相应的条件限制。

(1) 特快旅客列车不准编挂货车，编入的客车车辆其构造速度等级，必须符合特快旅客列车规定的速度要求。

(2) 特快旅客列车禁止附挂回送机车。

(3) 特快旅客列车不准编挂关门车，在运行途中，遇自动制动机临时故障，在停车时间内不能修复时，准许关闭一辆，但列车最后一辆不得为关门车。此时，列车运行速度不得超过 120km/h。

(4) 特快旅客列车，在运行途中，发生空气弹簧故障时，应切断空气弹簧风源。此时，列车运行速度不得超过 120km/h。

(5) 区间线间距离在 4m 及其以下时，不准办理特快旅客列车与挂有中部超限货物车辆的列车在区间交会。

(6) 列车调度员对特快旅客列车运行区段的施工应重点掌握。线路、桥梁封锁施工后的第一趟列车，不准放行特快旅客列车。

(7) 特快旅客列车通过时，有关作业人员须提前停止在列车通过线路上和相邻线路通过列车一侧的作业。特快旅客列车到达施工地点前 10min，所有作业人员、设备等撤至距钢轨头部外侧 2m 以外，施工机械、物料堆码必须放置牢固。

(8) 当列车调度员接到特快旅客列车在运行途中机车信号或列车运行监控记录装置出现故障的报告时，应及时通报列车运行前方有关车站。

二、超长列车接发作业

(一) 编组列车的质量要求

1. 编组列车的依据

编组列车就是按列车种类、用途和运输性质，根据《技规》、列车编组计划和列车运行图所规定的编挂条件、车组、重量及长度标准，将车辆或车组选编并连挂成车列。

2. 编组列车的质量要求

(1) 编组列车必须符合《技规》关于机车车辆编入列车的技术条件，隔离和编挂限制，关闭自动制动机的车辆配挂数量和位置要求，以及单机挂车和超限货物车辆等规定；

(2) 编组列车必须符合列车编组计划规定的列车种类、去向、编组内容、车组和车辆编挂顺序的要求；

旅客列车按旅客列车编组表编组。军用列车的编组，按有关规定办理。

（3）编组列车必须符合该区段列车运行图规定的列车重量或长度标准。

列车重量标准是根据机车牵引力、区段内限制坡度等因素，通过计算、试运转和各种类型机车牵引重量的平衡，最后取整而定的。

列车长度应根据运行区段内各站到发线的有效长，并预留 30m 的附加制动距离来确定。

如不按上述要求编组列车，不仅会因浪费牵引力而造成经济损失，而且对列车运行、列车接发的安全也会造成威胁。

编组列车时，其重量或长度应满足列车运行图规定的各区段牵引定数或计长。由于实际编成的列车与图定重量、长度不可能完全相符，因此，铁道部规定了尾数波动范围：货物列车牵引重量允许上下波动 80 吨，计长允许欠 1.2。

线路坡度在 12.5‰以上的区段，牵引定数尾数波动，局管内的列车由铁路局自定；跨局的由有关局商定，铁道部批准。

列车重量按列车运行图规定的牵引定数超过 81 吨及以上，连续运行距离超过机车乘务规定区段 1/2 的货物列车为超重列车。

超重列车有利于节省机车运用台数，提高区段通过能力，但由于机车性能和司机技术水平的限制，可能造成运缓、区间停车或会让不当而打乱运行秩序。为此，编组超重列车时，在编组站、区段站应商得机务（或折返）段调度员的同意；在中间站应得到司机的同意，并且均须经列车调度员准许，以使其指挥行车时心中有数。

列车重量按运行图规定的牵引定数欠 81 吨及以上，又换长欠 1.3 及以上，连续运行距离超过机车乘务规定区段的 1/2 的货物列车为欠重（轴）列车。

编组欠轴列车浪费机车牵引力，因此，列车不得低于运行图规定的重量或长度。遇必须开行欠轴列车时，亦应得到列车调度员的命令准许。跨局列车要经铁道部批准，并发给准许欠轴的调度命令方可开行。

列车长度超过运行图规定的区段计长时，称为超长列车。

列车虽未超过图定区段计长，而实际超过停放该列车的到发线有效长时，应按超长列车办理。编组超长列车时，必须考虑运行区段内的具体条件，编组超长列车的最大长度不得超过区段内两股最短到发线有效长之和，并不宜编挂超限及其他限速车辆。开行超长列车时，必须取得列车调度员的命令准许。

列车的重量是车辆自重与货物重量的总和。

机车、车辆自重及换算长度应按《技规》有关规定确定。《技规》中未规定的其他各型货车的自重及换算长度和货物重量可按铁道部有关《铁路货车统计规则》的规定计算。

旅客列车重量按客车总重（包括旅客及行李的重量）计算，回送空客车底按自重计算。

机车、车辆长度的计算，以前后两钩舌内侧面距离按 11m 为换算单位。

各型机车、车辆按上述换算单位得出的比值，称为换算长度。

（二）接车办法

（1）超长列车应接入《站细》规定的线路。

（2）列车交会时，应组织非超长列车先到，使超长列车在站内通过。如因站外启动困难或其他原因，超长列车必须先接入站内时，当其进站停妥后，尾部无论是否进入进站信号机内方，均应将进站信号机关闭（自动闭塞除外）。如其尾部停在进站信号机外方，禁止办理区间开通。

与非超长列车相论，超长列车进站停车时，其尾部的作业安全，则更须引起重视。可以说，这也是超长列车开行的一个薄弱环节，稍不注意则极易发生事故。

【案例】××年×月×日，84035 次“油龙”在××站让 22581 次。当 84035 次进 5 道停车后，车钩自动延伸，致使列车尾部越出警冲标 1m，而未被发现。车站又盲目将 22581 次接入邻线 4 道，构成了“未准备好进路接入列车”的险性事故。

超长列车到站后，除车钩间隙会导致一个自动延伸的距离外，遇装载液体、气体货物的货车、滚动轴承的车辆，以及停车的线路有坡度等情况时，也都常出现列车尾部返回向后稍行移动的情况，因此，在列车尾部刚过警冲标就停车，其安全程度是不可靠的。在条件允许的情况下，超长列车尾部停车位置，应距警冲标间预留一定的安全距离。

（3）超长列车尾部停在警冲标外方时，接入相对方向列车的接车办法：

①在进站信号机外制动距离内进站方向为超过 6‰下坡道，而接车线末端无隔开设备，须使列车在站外停车后，再接入站内。

②如在邻线上未设调车信号机，又无隔开设备，相对方向需要进行调车作业时，必须派人以停车手信号对列车进行防护。

（4）超长列车头部需越过出站信号机或警冲标时，待进站列车停妥后，接车人员通知司机按调车方法，指示列车越过出站信号机或接车线末端警冲标。

（5）超长列车因妨碍邻线需要转线时，由本务机车担当一钩转线作业，车辆技术检查可在转线后进行。

（三）发车办法

（1）开行超长列车必须有调度命令。始发站车站值班员应向列车转交调度命令。

（2）车站值班员在办理闭塞或预告发车时，应将超长列车有关事项通知接车站，以便接车站做好接车准备。

（3）超长列车头部准许越过出站信号机或警冲标发车的几种情况：

①超长与非超长列车交会时，因先发非超长列车，超长列车向前移动。

②超长列车分解在两条线路上，开车前连挂在一起。

③中间站加挂车辆于列车前部。

三、超限列车接发作业

（一）超限列车特点

超限列车系指编挂装载超限货物车辆的列车。

一件货物装车后，在平直线路上停留时，货物的高度和宽度有任何部位超过机车车辆限界或特定区段装载限界的，称为超限货物。

在平直线路上停留虽不超限，但行经半径为300m的曲线线路时，货物内侧或外侧的计算宽度（已经减去曲线水平加宽量36mm）仍然超限的，亦为超限货物。

车站在挂运超限车以前，由车站值班员或车站调度员将批示命令号码、车种、车号、到站、超限等级等事项报告调度所，以便纳入日班计划。调度所在挂运超限车以前，将管内具体运行条件以调度命令下达有关站段，以便做好准备工作。发站、中转站的车站值班员应将调度命令交给列车乘务员。挂有超限车的列车，应按《站细》规定的线路通过。运行上有限速等限制条件的超限车辆，除有特别指示外，禁止编入直达、直通列车。

运转车长在接收超限车时，应严格检查超限车的加固状态，确认没有窜出检查线，方准挂运。遇运行途中发现异状时，应立即报告列车调度员，按其指示办理。

没有调度命令的超限车，禁止挂运。

（二）接发超限列车有关规定

（1）超限列车应在《站细》规定的线路上办理。

（2）车站值班员在接车前应通知接车有关人员注意超限宽度。

（3）按《站细》规定停止邻线上的调车作业。

（4）当列车经过车站时，与相邻线路上车辆之间的最小距离不得少于350mm。

（5）超限货物的任何超限部位在接近建筑物或设备时，在70～100mm时，时速不得超过15km/h；在100～150mm时，时速不得超过25km/h；不足70mm时，由铁路局根据实际情况规定运行办法。

遇不得已情况需要变更接车线路时，须得到列车调度员的准许，在这种情况下，车站值班员应根据《站细》及其附件中各线限界情况，报告列车调度员，确定变更线路。

（6）在向接车站请求闭塞或发车预告时，应提前通知接车站，以便做好准备。

（7）接发车人员要注意超限货物状态，发现装载加固不牢，货物移位等异状时，应立即报告列车调度员，听其指示。

（8）编组站、区段站或途中指定检查站应按“超限货物运输记录”进行检查，确认无异状后，方可挂运编入列车。

(9) 发站、中转站在挂运超限车以前，由车站调度员或车站值班员将批准命令号码、车种、车号、到站、超限等级等报告铁路局调度，以便纳入日班计划。超限车的挂运必须要有调度命令。“调度命令”是超限车挂运的首要条件之一，所有参与超限运输作业的人员均应严格遵守，千万不可忽视。否则，难以保证超限车的运行安全。

【案例】 ××年××月××日18时04分，××线××站——××站，22562次货物列车机后第22位挂有××防腐枕木厂的15吨自轮起重机一辆，限速50km/h运行，由××机务段××机班担当乘务，××调度所在列车出发前未按规定发布调度命令限速运行。待列车到达××（中间）站司机询问时，调度员才补发了“限速50km/h、注意运行”的调度命令。

列车到达××（区段）站后，下班司机又未与接班司机认真交接。结果，列车约以时速65km超速运行，同时又由于起重机本身既超限又偏重，列车行至242km＋153m处发生脱轨，脱轨后又走行了6km＋535m，直至235km＋600m处因制动软管脱开，列车才自行停车。造成轧伤枕木11579根，中断行车5小时01分的列车脱轨重大事故。

构成这起事故的直接原因是由于司机超速运行所致，而超速原因又与调度命令的下达和传递环节上出问题直接有关。为认真吸取事故教训，应注意掌握：调度命令必须在超限车挂运之前下达、传递和接受，不得简化，不可遗漏。

四、退行列车接车作业

1. 退行原因

列车在区间因自然灾害、线路故障、坡停等原因不能继续向前运行而退回原发车站，称为列车退行。列车退行后可能会继续运行，也可能会成为保留列车。

2. 退行办理方法

(1) 接到退行请求的处理：车站值班员接到退行报告后，应立即向列车调度员报告。在准许列车退行前，车站值班员应了解列车停车地点及请求退行原因，与“行车日志”核对，确认该列车发出后，无追踪或续行列车及无出站（跟踪）调车、线路施工等，方可同意其退行。

(2) 通知邻站：将该列车退行情况通告邻站。

(3) 准备进路：车站值班员根据列车调度员的3～4小时列车运行调整计划和车站线路占用情况准备进路，布置进路时应说明××次退回。

(4) 接车：开放进站信号机或按引导接车办法，将列车接入站内。

3. 不准列车退行情况

(1) 按自动闭塞法运行时（列车调度员或后方站车站值班员确知区间内无列车，并准许时除外）；

（2）无运转车长值乘的列车（已指派胜任人员并携带列车无线调度通信设备、简易紧急制动阀时除外）；

（3）在降雾、暴风雨雪及其他不良条件下，难以辨认信号时；

（4）电话中断后发出的列车（持有附件三通知书之一的列车除外）。

挂有后部补机的列车，除上述情况外，是否准许退行，由铁路局规定。

4. 退行要求

在不得已情况下，列车必须退行时，运转车长（无运转车长时为指派的胜任人员）应站在列车尾部注视运行前方，发现危及行车或人身安全时，应立即使用紧急制动阀或列车无线调度通信设备通知司机，使列车停车。

列车退行速度，不得超过15km/h。未得到后方站（线路所）车站值班员准许，不得退行到车站的最外方预告标或预告信号机（双线区间为邻线预告标或特设的预告标）的内方。

车站接到列车退行的报告后，除立即报告列车调度员外，根据线路占用情况，可开放进站信号机或按引导办法将列车接入站内。

【任务实施与评价】

1. 下发任务单，明确任务内容及考核方式，学生课前按要求完成预习任务；
2. 教师讲解理论知识点，学生分组讨论任务，确定任务实施方式和人员分工；
3. 通过角色扮演的方式完成任务情景模拟；
4. 教师和各组长担当本次任务的他人评价工作，在角色问答中评判同学们任务完成情况。

技能检测

1. 简述不同特殊列车的特点。
2. 简述办理原规定为通过的旅客列车由正线变更为到发线接车的措施。
3. 简述超长列车的接车办法。
4. 简述超限列车的接发规定。
5. 简述列车退行及退行办理方法。
6. 完成任务书。

项目五　施工（事故）接发列车作业

知识目标

1. 了解铁路营业线施工的主要项目；
2. 了解营业线施工的基本要求与等级；
3. 了解天窗及慢行处所的规定；
4. 掌握施工计划的变更要求；
5. 掌握施工登记签认、调度命令下达及注意事项；
6. 掌握路用列车的特点、种类及接发列车作业要求；
7. 掌握救援列车的特点及救援列车的开行条件和办法；
8. 掌握列车分部运行时的应急处理方法。

能力目标

1. 能看懂各种营业线施工计划；
2. 会对工电等部门的施工登记正确审核签认；
3. 能正确办理区间的开通与封锁；
4. 能迅速及时组织救援列车的开行；
5. 会处理列车需要发生分部运行的情况。

任务导入

本项目主要是培养学生能独立处理铁路行车中营业线施工问题和行车事故后的行车组织问题的能力。为此学生需要掌握施工的内容以及实施过程；施工登记的核对及签认手续办理；施工调度命令的下达与核对；路用列车开行的办法；封锁区间及开通区间的办理手续；救援列车的开行条件及办法；列车分部运行情况的处理知识。对这些知识的掌握一方面需要学生对基本知识点的理解，另一方面需要学生多实践，学生可以通过实战和模拟训练的方式来练习本项目中的各种学习任务，以达到对该项目知识点深刻掌握的目的。

本项目有四个学习任务：施工登记签认；路用列车的接发作业；救援列车的接发作业；列车分部运行。每个任务都是以小组的形式完成，以4～6人为宜，在做每个任务前，每个小组都应该先设计好每个小组成员的分工情况，完成的过程中要相互讨论，找出存在的问题并及时解决。在完成任务的过程中要养成独立思考和团队协作的习惯，例如，在完成施工登记核对过程中，你觉得哪些内容是与行车安全息息相关，哪些是把握的关键点，如何对工电等部门的签认进行把关，如何区分影响行车的施工与不影响行车的施工等问题，这些书里是不会详细提到的，需要学生在任务学习过程独立思考和讨论中获得的。

通过本项目的学习，学生应该提高资料的收集、信息的获取能力；人与人的沟通能力及团队协作能力；分析问题和处理问题的能力；正确组织列车运行的职业能力，培养大局观意识。

学习任务1　施工登记与签认

任务描述

本次任务需要你作为一名车站值班员能完成对工务、电务、供电等部门的施工计划进行核对，并进行施工登记和签认，调度命令的申请、传达等工作。能正确填写“运统-46”等行车簿册。能把握施工的注意点和关键点，执行接发列车作业标准，确保接发列车作业的安全。具体任务见任务单所示。

任　务　单

1. 工务需要在甲站至乙站下行正线K501km+100m处进行更换钢轨作业，电务配合，申请时间30分钟，影响下行列车运行，需封锁下行正线，作业后限速运行，其他条件由教师或小组自行设定，请模拟工电部门人员到行车室进行施工登记和销记过程，车站值班员填写各种簿册和申请调度命令。

2. 甲站信联闭停用，采用施工特定行车办法行车，任务涉及的某些条件由小组或教师设定，有关行车凭证的交付和正线通过列车的引导按“施工特定行车”规定办理。

知识准备

在铁路接发列车工作中最常见的棘手问题就是铁路营业线施工问题，而如何把握好施工时的行车安全关键，很大程度上取决于施工登记与签认过程。作为铁路运输的高技能人才，必须扎实把好施工登记与签认关，确保接发列车作业安全。在完成本项学习任务前，必须首先掌握以下知识点。

一、铁路营业线施工基本要求与等级

铁路营业线施工系指影响铁路营业线设备稳定、设备使用和行车安全的各种施工。铁路营业线施工必须坚持运输、施工兼顾的原则，切实加强施工前的组织和施工期间的运输组织。积极推广使用先进的施工机具和科学的施工方法，提高施工作业效率，有计划、有组织地进行各项施工。

铁路营业线施工必须把确保行车安全放在首位，坚持“安全第一，预防为主”的方针，建设、设计、施工、监理、行车组织、设备管理等部门和单位必须严格执行《中华人民共和国安全生产法》、《铁路运输安全保护条例》、《建设工程安全生产管理条例》、《技规》、《铁路工务安全规则》、《铁路线路维修规则》和各铁路局的《行规》、各车站的《站细》等有关规定。影响营业线设备稳定、使用和行车安全的施工，必须纳入天窗计划，对影响行车和施工安全的每个环节，都必须强化管理，确保行车和施工安全。

根据施工时间和施工对运输的影响，为便于安全控制，一般将施工划分为三级进行管理，有些铁路局结合了本局的实际情况，做了进一步细分。

Ⅰ级施工包括对运输影响较大的大型站场改造、新线引入、主要干线换梁、主要干线更换正线道岔、主要干线及枢纽上跨铁路结构物、大型信联闭改造、大型电气化改造的施工。

Ⅱ级施工包括主要干线封锁线路 3h 以上、影响信联闭 4h 以上的施工，以及其他干线封锁线路 4h 以上、影响信联闭 6h 以上的施工。

Ⅲ级施工包括Ⅰ级、Ⅱ级施工以外的各类施工。

二、铁路营业线施工的主要项目

铁路营业线施工根据作业性质及对铁路运输的影响程度，可分为施工作业和维修作业两种。

1. 施工作业

施工作业对铁路运输的影响较大，比较大型的施工如站场设备技术改造等对铁路既有线运输的影响更大，主要包括：

（1）线路及站场设备技术改造，增建双线、新线引入、电气化改造等施工。

（2）跨越、穿越线路、站场，架设、铺设桥梁、管道、渡槽和电力线路、通信线路、油气管线和铺设临时道口、平过道、人行过道等设施的施工。

（3）在线路安全保护区内架设、铺设管道、渡槽和电力线路、通信线路、油气管线等设施的施工。

(4) 在规定的安全区域内实施爆破作业，在线路隐蔽工程（含通信、信号电缆经路）上作业，影响路基稳定的各种施工。

(5) 在信号、联锁、闭塞、CTC、列控等行车设备上的大中修施工作业。

(6) 线路大中修，路基、桥隧大修及大型养路机械施工作业，接触网大修作业。

2. 维修作业

维修作业系指利用“维修天窗”进行的作业，作业前不需限制列车运行速度，结束后达到正常放行列车条件，主要项目如下：

(1) 工务维修天窗作业项目

①成段更换钢轨不超过100m。

②更换接头夹板。

③更换或整修道岔尖轨、基本轨、辙叉、护轨、扳道器、转辙连接杆、可动心轨道岔辙叉的长心轨、可动心轨凸缘与接头铁联结螺栓。

④更换道岔扳道器下长岔枕、可动心轨道岔钢枕及两侧相邻岔枕或辙叉短心轨转向轴处轨枕。

⑤在线路上焊接钢轨。

⑥在线路上使用轨缝调整器、平轨机调直钢轨。

⑦在线路上使用轨缝调整器调整轨缝而不插入短轨头。

⑧单根抽换轨枕。

⑨使用有碍行车的中小型养路机械。

⑩桥梁施工进行试顶需要启动梁身并回落原位。

⑪抬起钢轨，单根抽换桥枕。

⑫拨正支座，支座垫砂浆厚度在50mm及以下时。

⑬有碍行车的隧道内刨冰。

⑭检查桥隧施工所搭的脚手架。

⑮跨越线路上部且有碍行车安全的施工。

⑯清理危石、砍伐危树影响行车安全时。

⑰利用小型爆破开挖侧沟或基坑（限于不影响路基稳定的范围）。

⑱整修道口。

⑲整治钢轨接头错牙、伤损钢轨焊补、打磨等综合项目。

⑳冻结钢轨。

㉑清筛道床、边坡。

㉒成段松开扣件。

㉓夹板螺栓涂油。

㉔成段整治或更换胶垫。

㉕移动桥枕进行钢梁上盖板涂装。

㉖隧道拱顶漏水整治。

㉗隧道衬砌裂损加固。

㉘跨线路转移较重的小型机械等作业。

㉙影响行车的长大桥隧的综合检查。

㉚不破底处理道床翻浆冒泥。

㉛起道量、拨道量不超过 40mm 的起道和拨道。

㉜其他影响行车的维修项目。

(2) 电务维修天窗作业项目

①室外转辙机、轨道电路、信号机、电缆、各种变压器箱、接线盒等各种信号设备的检修、整治和测试。

②室内电源屏、组合架、控制台等各种信号设备的检修、整治及电源接地、电缆全程等影响设备使用的测试。

③影响道口及车站设备正常运用的检修及试验。

④可在维修天窗时间内完成的零小型器材的更换。

⑤影响驼峰信号设备使用的检修作业实行停轮修。

⑥零星更换转辙机。

⑦年度信号联锁关系检查试验。

⑧CTC/TDCS 设备检查。

⑨在天窗内可以完成的其他作业项目。

(3) 接触网维修天窗作业项目

此类作业包括接触悬挂、附加悬挂、软横跨、绝缘部件、支撑装置、隔离开关检修，牵引变电所内有关行车设备检修等。

维修作业需要的时间要少一些，有些维修作业也可以按照施工作业进行管理，以确保维修作业的绝对安全。

三、天窗及慢行处所的规定

1. 天窗概念

天窗是指列车运行图中不铺画列车运行线或调整、抽减列车运行线为营业线施工、维修作业预留的时间，按用途分为施工天窗和维修天窗。施工天窗就是需要调整、抽减列车运行线。维修天窗就是在列车运行图中不铺画列车运行线。

2. 天窗时间

主要项目的时间通常规定如下：

（1）施工天窗，技改工程、线路大中修及大型养路机械作业时不应少于180min。

（2）维修天窗，电气化双线不应少于90min、单线不应少于60min，非电气化双线不应少于70min、单线不应少于60min。

维修天窗在时间安排上应与施工天窗重叠套用，除春暑运、黄金周及铁道部调度命令停止外，原则上每月每区间不应少于20次（双线为单方向）。

（3）双线车站同时影响上下行正线的渡线道岔或影响全站信号设备正常使用的电务设备检修，每月应确保一次30min的封锁时间。对作业繁忙的编组、区段站，可按接发列车方向划分联锁区，按联锁区每月应确保一次30min封锁时间。

（4）对电化区段的双线区间，每月应保证至少一次的接触网检修的“垂直天窗”时间，通常不少于60min。

根据铁路线路的繁忙程度各有不同，运输紧张的线路就可能达不到以上时间的要求，运输不紧张的线路时间就要宽松些。

3. 慢行处所的规定

各项施工、维修作业要采用平行作业的方式，综合利用天窗，提高天窗的利用率。要严格按照运行图预留的慢行附加时分控制线路慢行处所，原则上单线一个区段慢行处所不超过两处，双线一个区段内每个方向慢行处所不超过两处，同一区间内慢行处所不超过一处（包括施工慢行处所）。各项施工要按规定控制慢行距离和慢行速度，桥涵顶进施工慢行限制速度不应低于45km/h。

对于同一区间内慢行处所比较近的地点，如慢行长度不超过1200m的连续两处及以上的慢行处所可视为同一处慢行处所同时安排施工。

四、施工计划的变更与临时施工

各种施工（维修天窗作业计划除外）均应纳入月度施工计划，未纳入月度施工计划的施工项目原则上不准进行施工。特殊情况必须施工时，由施工单位提出施工申请，并签订安全协议，制定安全措施，通过主管业务处审查，经主管运输副局长批准，由运输处安排施工。

1. 计划变更

（1）月度施工计划原则上不准变更。特殊情况必须进行调整时，由施工单位提前5天向铁路局主管业务处和运输处提出书面申请，由运输处调整施工计划。

（2）纳入月度施工计划的施工项目原则上不准停止施工，因专特运、事故、自然灾害及调整车流等原因停止施工时，应于前日14：00前以调度命令通知有关单位。

2. 临时施工

对突发性设备故障和灾害的紧急抢修及轨道状态超过临时补修标准处所的临时补修等临时封锁要点施工，按下列程序办理：

(1) 需临时封锁要点时，由设备管理单位向铁路局主管业务处提出申请，主管业务处审查，运输处签认，经主管运输副局长批准后，由调度所安排施工。

(2) 危及行车安全需立即抢修时，设备管理单位要及时通知配合单位和铁路局主管业务处，并按规定登记，通过车站值班员报告铁路局列车调度员，经调度所主任（正班副主任）批准，发布调度命令进行抢修。

(3) 受天气条件限制及作业性质特殊的施工、维修项目，可根据具体情况安排临时封锁或调整天窗时段。

五、施工处理程序

施工通常是设备部门对行车设备进行的维修、养护等。运输部门通常起着协调、配合的作用。

施工处理程序如图 5－1 所示。

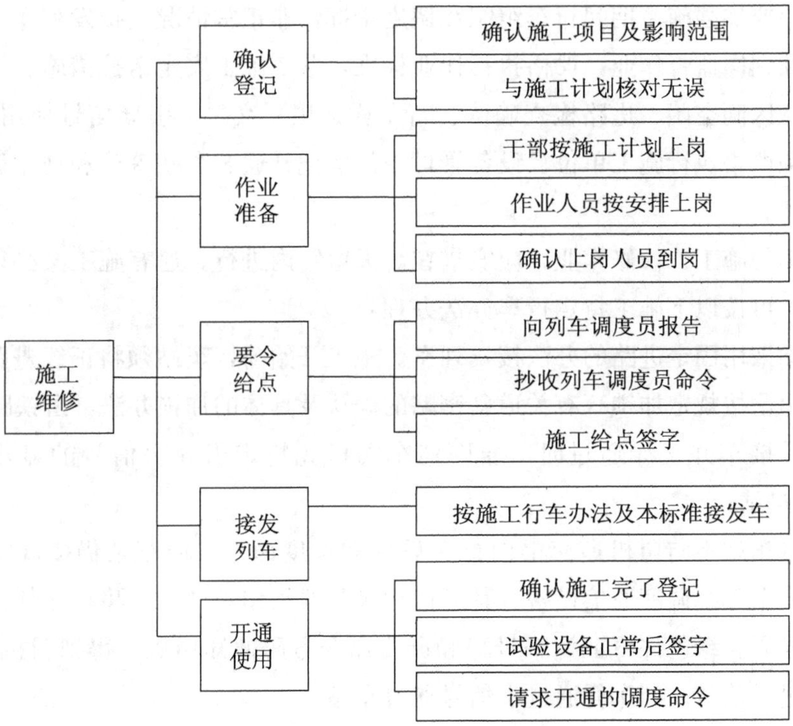

图 5－1　施工处理程序

1. 确认登记

车站值班员应根据施工计划，逐项核对施工单位的施工申请登记，对施工项目、影响范围、施工所需时间等车站值班员逐项审核后，在确认各项登记内容无误后方可签认，再向列车调度员汇报。

2. 作业准备

施工中注意的事项：

(1) 车站值班员要掌握施工进度，严把施工时间关。

(2) 组织作业人员落实施工安全措施，接受局、站（段）施工负责人员的监督检查。

(3) 把好进路、信号、凭证“三关”，确保行车、人身安全。

(4) 实际施工与登记施工的内容要求不符时，有权责令其停止施工。

(5) 遇施工提前或延时时，应及时向列车调度员汇报。

3. 要令给点

车站值班员核实施工登记无误后，向列车调度员请求调度命令。在列车调度员下达调度命令后签认，并将调度命令登记“行车设备施工登记簿”（运统-46）后，通知施工负责人。

4. 接发列车

行车部门要加强施工期间行车组织和调度指挥，非正常情况下接发列车，站长（或主管副站长）须到岗监督作业，严格执行作业标准，落实施工安全卡控措施。控制好发布行车命令、确认区间空闲、进路检查确认、行车凭证填写交付、引导信号使用等关键环节。施工开通必须严格执行施工单位、设备管理单位登记开通、车站签认和列车调度员发布开通命令的程序。

影响行车的施工、检修作业，应安排在“天窗”内进行。遇有施工又必须接发列车的特殊情况时，可按以下施工特定行车办法办理：

(1) 车站采用固定进路的办法接发列车。施工开始前，车站须将正线进路开通，并对进路上所有道岔按规定加锁（有关道岔密贴的确认及具体的加锁办法，由铁路局规定）；

(2) 引导接车并正线通过时，准许列车司机凭特定引导手信号的显示，以不超过60km/h速度进站；

(3) 准许车站不向司机递交书面行车凭证和调度命令。但车站仍按规定办理行车手续，并使用列车无线调度通信设备（其通信记录装置须作用良好）将行车凭证号码（路票为电话记录号码、绿色许可证为编号）和调度命令号码通知司机，得到司机复诵正确后，方可显示通过手信号。列车凭通过手信号通过车站。

5. 开通使用

施工单位要在调度命令规定的时间内开通，施工结束后，车站值班员确认施工单位全部销点后方可签认，报告列车调度员。列车调度员再次查实施工单位全部销点、符合开通条件后，发布开通命令。如因特殊情况不能按时开通或不能按规定速度运行时，应提前通知车站值班员，请求列车调度员延长时间或限速运行。有作业车时，列车调度员要及时安排作业车返回基地。施工完毕、开通前应注意的事项：

(1) 施工完毕，以施工负责人的登记为依据，开通时间以调度命令为准。列车调度员下达调度命令后签认，并将调度命令抄交施工的相关部门，方可开通。

(2) 施工开通前，设备的试验在“天窗”时间内完成，不准在列车间隔时间内进行试验。

(3) 对大型的施工，开通后车站值班员要重点盯防设备的变化，并落实好开通调度命令的有关事宜。站（段）的施工人员要在现场盯防，防止发生问题。

(4) 对限速运行的地段，车站值班员要将限制速度的日期、速度及趟数等事项列入交接班的重点内容，车站站长要认真监督、检查、落实。

六、施工登记与签认

施工时，施工单位在车站行车室设驻站联络员，施工地点设现场防护员，驻站联络员与现场防护员要保持随时通信状态，掌握施工现场和列车运行情况，做好邻线通过列车的安全防护，发现异常及时通知车站值班员和施工负责人。

施工单位应在施工开始前 40min，由施工负责人（或施工单位指定人员）在车站“行车设备施工登记簿”（运统-46）上登记，如表 5-1、表 5-2 所示。车站值班员应对在运统-46 登记的内容进行审核及签认，在信号楼醒目位置将作业内容、封锁范围、停电范围、命令号码、作业时间、作业车辆运行等作出揭示，并及时报告列车调度员，由列车调度员向有关车站发布实际施工调度命令。调度命令下达后，车站值班员可通过驻站联络员将调度命令转达给现场施工负责人。施工负责人接到调度命令号码后，方可进行作业。

车站值班干部（中间站站长）要提前 30min 到岗位进行安全监控并协调组织各单位天窗修作业。

施工单位作业完成后，经施工、设备单位检查达到放行列车条件，由施工负责人（或施工单位指定人员）、设备单位检查人（或设备单位指定人员）办理开通登记，车站值班员签认后，由车站值班员报告列车调度员开通线路。在提速过程中如发现安全隐患，应按施工现场提出的限制列车运行速度条件行车，如表 5-3 所示，施工单位应立即整改。

表 5 - 1　　换枕施工作业填记样张

请求施工（限速及封锁）登记					承认施工	施工后开通检查，销记		施工开通
本月施工编号	施工项目	月日时分	(1)影响使用范围(需要的限速或封锁条件) (2)施工负责人签名 (3)设备单位检查人签名 (4)车站值班员签名	所需时分	(1)命令号及发令时间 (2)限速及封锁起止时间 (3)车站值班员签名 (4)施工负责人签名	月日时分	(1)恢复使用范围和条件(开通后恢复常速确认) (2)施工负责人签名 (3)设备单位检查人签名 (4)车站值班员签名	(1)开通(恢复常速)命令号码及开通时间 (2)施工负责人签名 (3)设备单位检查人签名 (4)车站值班员签名
××	换枕	5月5日10：00	(1) 申请封锁××站至××站间 K80＋073—K81＋503 进行换枕施工，封锁前 1 小时限速 25km/h，轨道作业车进入封锁区间进行收枕，作业完毕返回××站。施工防护已到位 (2) ×工务工区：××，10：00 (3) 车站：××，10：01 盯岗：××	120 分钟	(1) 限速命令××，5 月 4 日 15：30 (2) 5 月 5 日 11：00 分起至封锁时止限速 25km/h (3) 车站：××，11：00 (4) ×工务工区：××，11：00 盯岗：××	5月5日14：00	(1) ××站至××站间 K80＋073－K81＋503 换枕施工完毕，作业车已进入××站×道警冲标内方，申请开通。开通后首列限速 25km/h（不得过客车），第二列限速 45km/h 至次日封锁前 1 小时限速 45km/h (2) ×工务工区：××，14：00 (3) 车站：××，14：00 盯岗：××	(1) 开通命令××，自 14：00 起××站至××站间 K80＋073－K81＋503 开通 5 月 4 日 15：30 发××命令开通后首列限速 25km/h、自第二列起限速 45km/h 至 5 月 12 日 11：00 止 (2) ×工务工区：××，14：00 (3) 车站：××，14：00 盯岗：××
					(1) 封锁命令××，11：59 (2) 12：00—14：00 封锁施工 (3) 车站：××，12：00 (4) ×工务工区：××，12：00 盯岗：××	5月6日11：00	(1) ××站至××站间 K80＋073－K81＋503 申请恢复常速 (2) ×工务工区：××，11：00 (3) 车站：××，11：00 盯岗：××	

表 5 - 2　**供电维修作业（需封锁）填记样张**

请求施工（限速及封锁）登记				承认施工		施工后开通检查，销记		施工开通
本月施工编号	施工项目	月日时分	(1)影响使用范围(需要的限速或封锁条件) (2)施工负责人签名 (3)设备单位检查人签名 (4)车站值班员签名	所需时分	(1)命令号及发令时间 (2)限速及封锁起止时间 (3)车站值班员签名 (4)施工负责人签名	月日时分	(1)恢复使用范围和条件(开通后恢复常速确认) (2)施工负责人签名 (3)设备单位检查人签名 (4)车站值班员签名	(1)开通(恢复常速)命令号码及开通时间 (2)施工负责人签名 (3)设备单位检查人签名 (4)车站值班员签名
	天窗修	4月8日 15：00	(1) 根据天窗修计划，供电在××站至××站间 K1010＋100－ K1011＋600 进行检修作业，需接触网停电，××站开行作业车并返回，防护到位 (2) ×供电工区：××，15：01 (3) 车站：××15：02 盯岗：××	60 分钟	(1) 封锁命令××，15：50停电命令××，15：57 (2) 施工起止时间：15：50—17：00 (3) 车站：××，15：50 (4) ×供电工区：××，15：51 盯岗：××	4月8日 16：55	(1) ××站至××站间 K1010＋100－K1011＋600 检修作业完毕，作业车已返回××站，申请开通 (2) ×供电工区：××，16：56 (3) 车站：××，16：57 盯岗：××	(1) 开通命令××，16：59送电命令××，17：01 (2) ×供电工区：××，17：02 (3) 车站：××，17：03 盯岗：××

注：运统- 46 填记要求：

1. 施工维修作业开始前 40 分钟，由施工单位和设备管理单位的专职联络员（施工负责人）在“行车设备施工登记簿”上逐项登记、签认，车站值班员（列车调度员）应对施工单位和设备管理单位登记签认的内容进行审核、签认。

2. 施工单位作业完毕后，经施工、设备管理单位检查达到放行列车条件，由施工负责人（或专职联络员）、设备管理单位检查人（或指定人员）办理开通登记签认（施工销记），车站值班员（列车调度员）审核无误后签认。

3. 当施工单位和设备管理单位相同时，允许一次签认“施工负责人签名”和“设备单位检查人签名”栏。

4. “本月施工编号”栏填记月度施工计划编号；集团公司以电报形式安排的施工，填记电报号码。

5. “施工负责人、设备单位检查人、车站值班员签名”栏须填记单位名称、本人姓名和签认时分。

6. 有配合单位的施工（维修），在同一施工项目内登记有关事项。施工（维修）单位必须在“请求施工（限速及封锁）登记”栏内注明“需××部门配合”字样（如需接触网停电，必须注明）。

表 5-3　　各项施工作业放行列车条件

	顺号	项　目	施工条件	作业方式	放行列车条件
一、影响道床路基稳定的施工作业	1	(1) 破底清筛轨枕底道砟连续 3 根及以上 (2) 成段更换道床 (3) 大型养路机械换砟 (4) 基床换填 (5) 曲线平面改造 (6) 一次起道量超过 40mm (7) 一次拨道量超过 40mm (8) 利用小型爆破开挖侧沟或基坑（限于影响路基稳定范围） (9) 成组更换道岔或岔枕 (10) 成段更换、方正轨枕连续 3 根及以上	封锁施工	大型养路机械捣固、稳定车作业	1. 道岔两捣作业程序，第一列 25km/h，第二列 45km/h，第三列 60km/h，24 小时后恢复正常 2. 两捣一稳作业程序，第一列 35km/h，第二列 60km/h，第三列 80km/h，24 小时后恢复正常 3. 三捣两稳作业程序，第一列 60km/h，第二列 80km/h，第三列 120km/h，24 小时后恢复正常 4. 五捣三稳作业程序，第一列 80km/h，第二列 120km/h，其后恢复正常（速度≤120km/h 线路 80km/h，24 小时后恢复正常）
				小型养路机械捣固	1. 施工期间，当日第一列 25km/h，第二列 45km/h，不少于 4 小时，以后限速 60km/h 至下次封锁前 1 小时 2. 施工结束，开通后第一列 25km/h，第二列 45km/h，不少于 12 小时，以后 60km/h、80km/h、120km/h 各不少于 24 小时，其后正常（速度≤120km/h 线路 80km/h，24 小时后恢复正常）
				人工捣固	1. 施工期间，当日第一列 15km/h，第二列 25km/h，第三列 45km/h，不少于 4 小时，以后限速 60km/h 至下次封锁前 1 小时 2. 施工结束，开通后第一列 15km/h，第二列 25km/h，第三列 45km/h，不少于 4 小时，以后 60km/h、80km/h、120km/h 各不少于 24 小时，其后正常
	2	(1) 在线路上安装、拆除、使用小型枕底清筛机 (2) 在线路上安装、拆除轨束梁，横穿梁和 D 梁 (3) 更换道岔扳道器下长岔枕、可动心轨道岔钢枕及两侧相邻岔枕或辙叉短心轨转向轴处轨枕	封锁施工		开通后，速度不得超过 45km/h，限速时间、次数和速度由施工负责人根据具体情况决定

续　表

	顺号	项　目	施工条件	作业方式	放行列车条件
二、不影响道床稳定的施工作业	1	（1）成段更换钢轨 （2）无缝线路放散 （3）成段调整轨缝，拆开接头并插入短轨头 （4）成段修整轨底坡	封锁施工		开通后，第一列 25km/h，第二列 45km/h，其后正常。速度大于 120km/h 线路，第一列 25km/h、第二列 45km/h、第三列 80km/h，其后正常
	2	使用冻害垫板一次总厚度超过 40mm	封锁施工		开通后，第一列 25km/h，第二列 45km/h，第三列 60km/h，其后正常。速度大于 120km/h 线路，60km/h、80km/h、120km/h 各一列后恢复正常
	3	长大隧道宽轨枕垫砟	封锁施工		开通后，第一列 25km/h，第二列 45km/h，第三列 60km/h，其后正常
	4	道口大修（若影响道床稳定，比照第一大项办理）	封锁施工		开通后，第一列 25km/h，第二列 60km/h，其后正常
	5	隧道整体道床翻修	封锁施工		施工期间速度不超过 25km/h，施工结束后，第一列 45km/h，第二列 60km/h，其后正常
	6	拆除钢轨，无砟桥全面更换桥枕	封锁施工		开通后，第一列 25km/h，第二列 45km/h，第三列 60km/h，其后正常（施工期间每日开通后至次日施工封锁前最高速度不超过 60km/h）
	7	不拆除钢轨更换桥枕	封锁施工		施工结束后，第一列 45km/h，第二列 60km/h，第三列 80km/h，第四列 120km/h，其后恢复正常
三、桥隧涵的施工作业	1	（1）更换或拨正钢梁、圬工梁 （2）抬高或降低桥梁 （3）拨正支座、更换桥梁支座或翻修支撑垫石、砂浆厚度超过 50mm （4）下承式钢梁整孔喷砂除锈涂装 （5）喷锚加固隧道衬砌	封锁施工		开通后，第一列 25km/h，第二列 45km/h，第三列起 60km/h 不少于 24 小时，其后正常
	2	隧道内增设密井暗管施工	慢行施工		施工期间限速 25km/h，施工结束后第一列 45km/h，第二列 60km/h，其后正常
	3	新建明、棚洞开挖基础	慢行施工		施工期间限速 45km/h
	4	桥涵顶进	慢行施工		施工期间限速 45km/h，施工结束后 45km/h，不少于 12 小时，60km/h、80km/h 各不少于 24 小时，后 120km/h 一列恢复正常

续　表

	顺号	项　目	施工条件	作业方式	放行列车条件
四、应急处理	1	个别更换重伤钢轨、辙叉或联结零件	封锁施工		按《铁路工务安全规则》有关条款执行
	2	钢轨、辙叉、尖轨折断后的紧急处理	封锁施工		按《铁路工务安全规则》有关条款执行
	3	线路发生胀轨的紧急处理	封锁施工		按《铁路工务安全规则》有关条款执行
五、其他施工作业	1	跨越线路上部且有碍行车安全的施工	封锁施工		放行列车不限速，特殊情况下由施工领导人决定
	2	电务更换电动转辙机及道岔安装装置	封锁施工		放行列车不限速，特殊情况下由施工领导人决定
	3	信联闭设备停用施工的联锁试验	封锁施工		放行列车不限速，特殊情况下由施工领导人决定
	4	更换钢轨绝缘	封锁施工		放行列车不限速，特殊情况下由施工领导人决定
	5	新旧接触网线过渡中的接触网大修	封锁施工		放行列车不限速，特殊情况下由施工领导人决定

七、车站施工维修作业

1. 作业准备

车站遇有施工维修作业时，施工单位负责人应提前按施工计划认真登记“行车设备施工登记簿”。请求施工登记内容：“本月施工编号、月日、时分、施工项目、影响使用范围（需要的慢行或封锁条件）、所需时分、施工单位负责人签字、设备单位检查人签字”（同一项施工，施工单位和配合单位应按顺序分别登记在一起）。车站值班员应确认施工项目及影响范围，然后按施工负责人的登记内容与施工计划核对无误后签字。

通知监控干部及参加作业人员按施工计划安排提前上岗。车站值班员确认上岗人员到岗后向列车调度员报告，请求并接收准许施工的调度命令。

车站值班员与施工单位负责人共同确认无误后签字，按施工计划或调度命令准许的项目开始施工，按施工行车办法准备接发列车作业。

2. 作业要点

车站值班员及所有参加作业人员要严格按照施工行车办法及《接发列车作业标准》办理接发列车作业。监控干部要认真填记“非正常情况下接发列车控制卡”。

施工完毕后，经施工、设备管理单位检查达到放行列车条件，由施工单位负责人组织施工及配合单位分别进行销记、签名；多家施工单位利用同一天窗时，由施工主体单位组织各施工单位、配合单位销记、签名。全部销记后，经设备管理单位确认签名，再统一交车站值班员。车站值班员逐个核对、签认无误后方可报告列车调度员，请求调度命令，开通区间或线路。

【任务实施与评价】

1. 下发任务单，明确任务内容及考核方式，学生课前按要求完成预习任务；

2. 教师讲解理论知识点，学生分组讨论任务，确定任务实施方式和人员分工；

3. 通过角色扮演的方式完成任务情景模拟，主要角色有车站值班员、联络员、防护员、列车调度员、值班站长等，小组可根据人数情况设定角色，可一人扮演多个角色；

4. 教师和各组长担当本次任务的他人评价工作，在角色问答中评判同学们的任务完成情况。

技能检测

1. 简述施工及施工分类。

2. 简述天窗及天窗分类。

3. 简述施工特定行车要求。

4. 模拟工务道岔人工更换道砟作业的施工登记与签认过程。

5. 模拟大机清筛施工作业的施工登记与签认过程。

6. 模拟线路捣固施工作业的施工登记与签认过程。

7. 完成任务书。

学习任务2　路用列车接发作业

任务描述

该学习任务要求学生能根据不同的情况接发各种路用列车，能把握不同行车条件下路用列车开行的行车凭证，并执行部颁接发列车作业标准。具体任务见任务单所示。

任　务　单

1. 甲站至乙站间需更换大量枕木和钢轨，封锁施工，甲站向区间开行运送钢轨和枕木的路用列车，车次为57003次。

2. 甲站至乙站间封锁抢修线路，调度电话不通，乙站开行路用列车进入区间。

任务中主要的角色有车站值班员、助理值班员、列车调度员、司机等。请各小组安排好人员分工情况，模拟路用列车接发作业过程进行任务练习。

知识准备

一、封锁区间的概念及分类

向封锁区间开行路用列车和救援列车也是非正常情况接发列车的一种。其特点主要表现在：一是列车进入的区间是封锁区间；二是只限于路用列车和救援列车进入；三是列车进入封锁区间时不办理闭塞手续，行车凭证为调度命令（遇调度电话不通时，凭车站值班员命令）；四是列车进入封锁区间的目的是为完成某项特定的任务。由于任务不同，列车开行地不同，进入的区间就会出现封锁区间与非封锁区间之别。

1. 封锁区间定义

封锁区间是指区间施工或发生自燃灾害、行车事故等原因，只准救援或路用列车根据列车调度员的命令进入的区间。

2. 封锁区间分类

（1）封锁区间施工。主要对区间内的线路、桥梁、隧道、信号、接触网等设备有计划的施工维修或安装新设备。这类封锁区间要求纳入施工计划，各部门需提前做好准备，事先在列车运行图中预留施工“天窗”。

（2）封锁区间救援。主要对区间内的行车设备故障、损坏或发生行车、人身伤亡等事故，迫使行车中断，由列车调度员发布调度命令封锁区间并开行救援列车（单机）进行抢救。这种封锁区间是突发性的、事前无准备的、被动的。

向封锁区间开行路用列车和救援列车也存在不安全因素。一是误用基本闭塞设备开放出站信号，错误地使用行车凭证发车；二是误将其他列车放入封锁区间。因此，车站值班员、信号员遇区间封锁时，必须在控制台上及时加挂“区间封锁”表示牌，以防误办。

二、封锁区间的条件与办理手续

1. 需封锁区间的条件

（1）区间正线施工；

（2）区间正线发生线路故障或自然灾害时；

（3）区间正线发生行车事故中断行车时。

2. 封锁区间的条件下准许接发的列车

（1）救援列车；

（2）路用列车。

3. 封锁区间的办理手续

（1）封锁区间——确认施工计划或救援请求，由确认施工登记或接到请求救援的车站值班员向列车调度员报告，列车调度员下达命令封锁区间；遇列车调度员电话不通，由车站值班员下达的命令封锁区间并送达邻站。

（2）开通区间——由确认施工销点登记或接到救援恢复正常的车站值班员向列车调度员报告，列车调度员下达的命令开通区间；遇列车调度员电话不通，由车站值班员下达的命令开通区间并送达邻站。

三、路用列车的定义及种类

路用列车是指为铁路内部自用而开行的列车，如图 5－2 所示。路用列车按用途主要有以下几种：

（1）以非运用车编成的专列，如回送入厂的列车、试验列车、除雪车、救援列车等。

（2）回送封存车的列车。

（3）进、出封锁区间为运送施工作业人员及各种路用器材而开行的列车。

（4）为施工而开行的按列车办理的线路作业机械。

（5）为由区间内收集路用器材而开行的列车。

图 5-2　路用列车

四、路用列车的行车凭证

（1）向非封锁区间开行路用列车时，列车仍以该区间原使用的行车凭证进入区间。

（2）向封锁区间开行路用列车时，列车进入封锁区间的行车凭证为调度命令。

向非封锁区间开行路用列车时，列车仍以该区间规定的基本闭塞法或电话闭塞法办理的行车凭证进入区间。而不能模糊地错误认为：开行路用列车就以“调度命令”为凭证将列车往区间放行。

【案例】 ××××年××月××日，14 时 27 分，路用列车 57201 次，计划在××站—××站间，864km+500m 至 863km+500m 间进行“边走边卸”路料作业。发车站值班员，在未与邻站办理闭塞手续的情况下，就使用“调度命令”将 57201 次放入区间卸车作业，构成了“未办闭塞发出列车”的险性事故。

经事后分析，该值班员才清醒地认识到，开行路用列车时，其“区间封锁”与“列车闭塞”所办理的行车凭证是有区别的。

（3）当调度电话中断时，遇有急需封锁区间抢修线路、桥涵或隧道等处的紧迫施工，路用列车进入封锁区间的行车凭证为车站值班员的命令。

五、封锁区间接发路用列车

1. 一般规定

（1）向施工封锁区间开行路用列车时，原则上该区间两端车站每端只准开进一列。一端站开行两列及其以上路用列车时，第一列路用列车到达指定地点停车并按规定设置防护后，施工领导人方可通知驻站专职联络人员转告车站值班员开行同方向次一路用列车进入封锁区间，作业完毕后，施工领导人（或专职联络人员）应取得车站值班员的同意后，列车方可返回车站（包括两站、所开行的路用列车回一个车站）。前行路用列车到站后，由车站值班员通知专职联络人员准许次一路用列车返回车站。

（2）路用列车应由施工单位指派胜任人员携带列车无线调度通信设备值乘于列车尾部，并在区间协助司机作业。

（3）向封锁区间开行路用列车时，除救援或抢险的应急情况外，发车站须根据铁路局批准并下达的月度施工方案，以及施工负责人现场办理的书面请求，并取得列车调度员的调度命令准许后，方可办理。

（4）为确保路用列车发车进路安全无误，车站值班员须先准备好发车进路后，再递交行车凭证。

（5）在封锁区间施工中，单机、重型轨道车以及工务部门使用的捣固、清筛线路配有动力装置自行移动式的大型施工机械，其进、出封锁区间的行车方式，均按路用列车办理。

（6）路用列车的发车，仍按列车方式发车。

2. 向施工封锁区间发出路用列车

（1）作业准备

车站值班员根据施工负责人的请求向列车调度员报告。请求并接收封锁区间及向施工封锁区间开行路用列车的调度命令，车站值班干部按施工规定认真监控作业。

（2）作业要点

车站值班员接到封锁区间的调度命令后，揭挂“区间封锁”安全帽。向施工封锁区间发出路用列车不办理闭塞手续，但需与邻站联系，以调度命令作为出入封锁区间的行车凭证。开放调车信号锁闭进路（调车进路不能完全锁闭整个进路时，其他未锁闭道岔单独锁闭）或单操道岔（含防护道岔）准备进路，并单独锁闭。按下接通光带按钮，确认进路正确。助理值班员与车站值班员认真核对调度命令，核对正确，通过控制台再次确认发车进路正确后（由于设备的关系助理值班员不能通过控制台确认发车进路时可不确认），与司机核对调度命令，无误后交给司机，确认发车条件具备，指示发车或发车。

路用列车进入封锁区间时，要立即通知邻站，说明进入“线别”，揭挂“区间占用”安全帽。由一端站连续两列及以上路用列车进入同一施工封锁区间时，间隔不得少于8min。

两列及以上路用列车进入同一施工封锁区间时，具体运行办法，按施工安全措施及调度命令的规定办理。

3. 由施工封锁区间返回路用列车

（1）作业准备

车站值班员接到施工现场负责人开车通知后，核对施工封锁区间开行路用列车的调度命令。

（2）作业要点

车站值班员根据命令要求，确定接车线，并确认接车线路空闲，开放进站信号机办理接车。

如遇进站信号机不能开放，开放调车信号准备进路（调车进路不能完全锁闭整个进路时，其他未锁闭道岔单独锁闭）后取消调车信号或单操道岔（含防护道岔）准备进路。按下接通光带按钮确认进路正确后，开放引导信号接车（请求并接收引导接车的调度命令）。

未设进站信号机时，开放调车信号锁闭进路（调车进路不能完全锁闭整个进路时，其他未锁闭道岔单独锁闭）或单操道岔（含防护道岔）准备进路，并单独锁闭。按下接通光带按钮确认进路正确后，指示引导员到《站细》规定地点显示引导手信号接车。

车站值班员须将引导接车的调度命令向司机（运转车长）转达。

路用列车全部到达（返回）后，应及时通知邻站并报告列车调度员，摘下“区间占用”安全帽。

两端站车站值班员确认区间空闲，根据施工负责人的请求，向列车调度员报告，接收开通区间的调度命令，与邻站核对调度命令后，开通区间，并摘下“区间封锁”安全帽。

【任务实施与评价】

1. 下发任务单，明确任务内容及考核方式，学生课前按要求完成预习任务；
2. 教师讲解理论知识点，学生分组讨论任务，确定任务实施方式和人员分工；
3. 通过角色扮演的方式完成任务情景模拟，主要角色有车站值班员（两个车站）、列车调度员、驻站联络员、值班站长等，小组可根据人数情况设定角色，可一人扮演多个角色；
4. 教师和各小组成员担当本次任务的他人评价工作，在角色问答中相互评判组员的任务完成情况。

技能检测

1. 什么是路用列车？
2. 什么是封锁区间？如何分类？如何办理？
3. 请根据你所在的铁路局具体情况，为保证路用列车的接发作业安全，试补充相关规定。
4. 路用列车封锁区间与非封锁区间的行车凭证是什么？
5. 完成任务书。

学习任务3　救援列车接发作业

任务描述

该学习任务要求学生能深刻了解救援列车开行的相关规定及注意事项，能在最短的时间内合理组织救援列车的开行，保证铁路救援工作的有序进行，并能执行部颁接发列车作业标准。具体任务见任务单所示。

任　务　单

1. 甲站至乙站间 27003 次故障失去动力停于区间，甲站调机担当救援任务进入区间，将 27003 次拉回至甲站。

2. 甲站至乙站间由于大雨塌方线路中断，线路封锁，甲站向区间开行救援列车。

任务中主要的角色有车站值班员、助理值班员、列车调度员、司机等。请各小组安排好人员分工情况，模拟救援列车接发作业过程进行任务练习。

知识准备

在铁路接发列车作业中，救援列车开行的情况比较少，铁路职工对救援列车开行的知识掌握情况不理想，但这又是接发列车人员技能体现的一个重点。

一、救援列车的定义

救援列车的基本任务是为了及时抢救灾害，排除线路故障，迅速恢复正常运输秩序。救援列车是为发生事故或不能正常运行的列车而开行的，担当救援任务的可以是单机、轨道车或列车。为此目的开行的列车、机车或轨道车等，都是救援列车，如图 5－3 所示。一般的专业救援列车由起重吊车、修理车、工具车、宿营车及工程材料车等组成，并配备有一定数量的救援人员，停放于指定车站，发生事故时，可随时主动进行抢修。

图 5－3　救援列车

二、救援列车开行

车站值班员接到运转车长、司机或工务、电务人员的救援请求后，应立即报告列车调度员。根据列车调度员的命令封锁区间，发出救援列车。

1. 开行办法

(1) 开行办法。向封锁区间发出救援列车时，不办理闭塞手续，以列车调度员的命令，作为进入封锁区间的许可。列车调度电话不通时，应由接到救援请求的车站值班员根据救援请求办理，救援列车以车站值班员的命令，作为进入封锁区间的许可。

(2) 救援列车的出发或返回，应报告列车调度员及通知对方站。为使列车调度员正确掌握救援进度，当救援列车开往事故现场或由事故现场返回车站时，均应由车站值班员将到发时刻及由区间拉回车数，事故救援工作进度，及时报告列车调度员。为使对方站掌握救援进度和区间占用情况，亦应将上述内容通知对方站。

事故现场设有临时线路所时，车站值班员应于发车前征得临时线路所值班员同意。联系办法如下：

①车站向线路所开行救援列车时，必须事先取得线路所值班员的同意，以便及时做好接车准备和防护工作。

②线路所向两端站发出救援列车时，必须取得列车调度员和接车站车站值班员的同意。

③线路所值班员接发车前，应通知防护和引导人员，以便做好一切准备工作。

(3) 在事故调查处理委员会人员到达前，站长或车站值班员应随事故救援列车（分部运行时挂取遗留车辆的列车除外）到事故现场，负责指挥有关行车工作。

【案例】××年××月××日，在××线的××站—××站区间 523km+700m 处，发生水害冲塌路基的自然灾害侵袭事故。

开行的 58136 次救援列车，运送抢险路料以推进方式至事故地点卸片石 10 辆。由于事故的防护信号位置不当，又由于救援列车运行速度过高，当司机及前端的运转车长醒悟时，列车已制动不及，致使救援列车闯入路基水害塌陷处，造成车辆严重颠覆和脱线，货车大破 3 辆、轻伤 31 人的救援作业过程中发生的行车大事故。

【案例】××年××月××日，4 时 53 分，在××站—××站区间 840km+500m 处，因机车牵引力不足列车分部运行，单机返回 58101 次挂取区间遗留车辆。由于未按规定设防护，又天气降雾、瞭望困难；并且，司机看错区间遗留车位置，又超速行驶，致使 58101 次与区间的遗留车辆发生正面冲突。造成货车大破 1 辆、中破 1 辆、小破 2 辆，机车中破 1 台，中断行车 1 小时 52 分的“救援列车冲突”大事故。

从这两起事故案例分析可以看出，一是防护位置不当，二是根本未设防护，又都因司机超速行驶。所以，必须吸取的事故教训主要有两点：

①对事故地段必须有专人负责按规定距离、规定地点、规定的信号认真防护；

②救援列车司机对事故地点及防护信号位置要准确掌握，加强瞭望，注意操纵，尤其是接近事故地段时，更要控制速度。

2. 区间开通手续

（1）车站值班员接到事故现场负责人请求，可以开通区间，恢复列车运行时，立即报告列车调度员，请求发布命令开通区间。

（2）列车调度电话不通时，接到请求的车站值班员，可通告邻站按电话记录办理区间开通，但必须查明区间确已空闲。

3. 行车凭证

（1）向非封锁区间开行救援列车时，列车仍以该区间原使用的行车凭证进入区间。

（2）向封锁区间开行救援列车时，列车进入封锁区间的行车凭证为调度命令。

向非封锁区间开行救援列车时，列车仍以该区间规定的基本闭塞法或电话闭塞法办理的行车凭证进入区间。而不能模糊地错误认为：开行救援列车就以“调度命令”为凭证将列车往区间放行。

（3）当调度电话不通时，应由接到救援请求的车站值班员根据救援请求办理。救援列车进入封锁区间的行车凭证为车站值班员的命令。命令发布站应用行车电话向邻站传达命令并听取复诵。“调度命令”中的“受令车站”改为“发令车站”。调度员姓名栏可不填写。

【案例】××年××月××日，00：17时，原计划为：58104次在××站停车交会1123次，车站值班员未取得邻站同意就擅自取消了1123次闭塞，并且，仅以“加开58104次”调度命令架入自动授受机传递，指示助理值班员×××显示58104次的通过手信号，而58104次司机在未取得行车凭证的情况下，也仅凭手信号盲目通过，闯入已被1123次占用（正在对向运行）的区间。后幸被发现急用无线电台呼叫而防止，险些造成58104次与1123次正面冲突的严重后果，但已构成了“救援列车未办闭塞闯入区间”的事故。

经事故剖析，值班员误解为“救援列车就是以调度命令（作为行车凭证）开行”，而对救援列车所运行的区间是否按封锁办理，调度命令上是否明确指定其作为行车凭证等，均认识模糊，分辨不清。因而，造成了这起救援列车未办闭塞闯入占用区间的一般C类事故。

三、封锁区间接发救援列车

1. 向封锁区间发出救援列车

（1）作业准备

通知值班干部上岗监控，向列车调度员报告：请求救援的有关情况，并通知有关救援单位。接收封锁区间及开行救援列车的调度命令。

(2) 作业要点

车站值班员接到封锁区间的调度命令后，揭挂“区间封锁”安全帽，向封锁区间发出救援列车时，不办理闭塞手续，以列车调度员的命令作为进入封锁区间的许可，遇调度电话不通时，救援列车以车站值班员的命令作为进入封锁区间的许可。

开放调车信号锁闭进路（调车进路不能完全锁闭整个进路时，其他未锁闭道岔单独锁闭）或单操道岔（含防护道岔）准备进路，并单独锁闭。通过控制台按下接通光带按钮确认进路正确。

助理值班员与车站值班员认真核对调度命令，核对正确，通过控制台再次确认发车进路正确后（由于设备的关系助理值班员不能通过控制台确认发车进路时可不确认），与司机核对调度命令，无误后交给司机，确认发车条件具备，指示发车或发车。

救援列车进人封锁区间时，要及时通知邻站，进入的“线别”，并揭挂“区间占用”安全帽。

如果救援现场设有临时线路所时，车站值班员于发车前应商得线路所值班员的同意。

2. 由封锁区间返回救援列车

(1) 作业准备

在接到救援现场负责人的开车通知后，核对封锁区间开行救援列车的调度命令。

(2) 作业要点

车站值班员根据命令要求，确定接车线，并确认接车线路空闲，开放进站信号机接车。

如遇进站信号机不能开放，开放调车信号准备进路（调车进路不能完全锁闭整个进路时，其他未锁闭道岔单独锁闭）后取消调车信号或单操道岔（含防护道岔）准备进路。按下接通光带按钮确认进路正确后，开放引导信号接车（请求并接收引导接车的调度命令）。

未设进站信号机时，开放调车信号锁闭进路（调车进路不能完全锁闭整个进路时，其他未锁闭道岔单独锁闭）或单操道岔（含防护道岔）准备进路，并单独锁闭。按下接通光带按钮确认进路正确后，指示引导员到《站细》规定地点显示引导手信号接车。

救援列车全部到达（返回）后，应及时通知邻站并报告列车调度员，摘下“区间占用”安全帽。

车站值班员须将引导接车的调度命令号码及内容向司机转达。

列车调度员根据救援现场负责人的报告，发布开通区间的调度命令。

车站值班员根据调度命令，与邻站核对无误后，及时开通区间，摘下“区间封锁”安全帽。

四、开行救援列车的注意事项

（1）救援列车进入非封锁区间，仍按原闭塞法行车。

（2）进入封锁区间的调度命令应分别交给司机、运转车长及救援列车负责人。

（3）封锁区间两端站要掌握好到发线的运用，为救援列车的机车转线、调车、停放车辆做好安排。

（4）封锁区间两端站，接发救援列车时，进路的准备都要按规定要求办理。

（5）如无空闲线路接车时，每次接车办法要在调度命令中说明，使司机心中有数。

进入事故地段的救援列车（包括单机、重型轨道车等），均须在防护信号处一度停车，撤除防护并通知救援有关事项后，再以调车方式领入事故地点。这一救援作业中的行车办法，是事故救援现场防止忙中出乱、急中出错的一项安全有效措施。在事故救援案例中，曾发生过多起事故救援出事故的现实教训，必须引以为戒。

【案例】 2006 年 7 月 2 日 11 时 51 分，新乡机务段 SS4 型 7164 号、重联 SS4 型 7158 号机车，牵引 14522 次货物列车，编组 51 辆，总重 4406 吨，计长 62.2，运行至侯月上行线磨滩至盘古寺间鱼天隧道内 K196km＋902m 处，因线路不良，列车通过时轨距扩大，造成列车脱轨颠覆。11 时 52 分，洛阳机务段 SS4 型 0357 号机车牵引的 41045 次货物列车，编组 24 辆，总重 1980 吨，计长 29.6，恰好也运行在隧道内，发现侵限车辆后停车不及，机车及机后 1～3 位车辆与 14522 次货物列车机后脱轨侵限的 11 位车辆碰挂。

事故发生后，现场救援指挥部在综合考虑种种不利条件，确保安全的前提下，确定了从隧道两端同时起复事故车辆，一次双线开通的总体方案，并分步具体实施。

第一，组织两端站调车机及现有机车，将事故未脱轨车辆先行分别拉离现场。

第二，安排先期到达的洛阳救援列车从隧道南口进入现场。

第三，报请铁道部组织太原局救援列车出动，由隧道北口进入。

第四，由供电部门组织在隧道内安装照明设备，待接触网停电后，将接触网导线拨至隧道洞壁侧上方。

第五，调运大型通风设备设于隧道口，改善洞内通风条件。

第六，由货运部门组织民工卸空事故车辆，并将堆积在事故现场的散煤装袋运出。

第七，运输部门组织调运抢修物资及平板车送抵现场，工务部门做好线路抢修各项准备。

【任务实施与评价】

1. 下发任务单，明确任务内容及考核方式，学生课前按要求完成预习任务；

2. 教师讲解相关知识点，学生分组讨论任务，确定任务实施方式和人员分工；

3. 通过角色扮演的方式完成任务情景模拟，主要角色有车站值班员（两个车站）、列车调度员、司机、专业救援队人员等，小组可根据人数情况设定角色，可一人扮演多个角色；

4. 教师和各小组成员担当本次任务的他人评价工作，在角色问答中相互评判组员的任务完成情况。

技能检测

1. 什么是救援列车？
2. 确定行车方法与凭证选择、填写方法。
3. 接发列车注意事项。
4. 请各小组从多方面查找（图书馆、网络等）救援列车开行发生事故的案例，写出事故过程，并指出防止该事故发生应该采取的措施有哪些？
5. 写出你所在的铁路局对救援列车的开行有哪些补充规定？
6. 完成任务书。

学习任务 4　列车分部运行

任务描述

该学习任务要求学生掌握在列车区间被迫停车后能根据现场的具体情况快速做出判断是否需要分部运行，能掌握分部运行时的处理方法。具体任务见任务单所示。

任　务　单

甲站至乙站间 39502 次运行在区间时，第二十位车后部车钩断裂，无可更换车钩，需要分部运行。

（1）分部运行的车辆均开往乙站方向。

（2）分部运行的车辆分别开往甲乙两个车站。

任务中主要的角色有车站值班员、助理值班员、列车调度员、司机等。请各小组安排好人员分工情况，模拟列车分部运行的组织作业过程进行任务练习。

知识准备

列车分部运行是特殊情况下接发列车的一种，发生该情况的概率很小，但铁路事故的发生往往都是出现在这些小概率的问题上。由于铁路职工无法对这类情况经行实景演练，所以对本任务的学习重点是要把握住方式方法和各种规章规定，在熟悉规章规定的前提下进行模拟演练。在完成本项学习任务前，必须首先掌握以下知识点。

一、列车在区间被迫停车时的处理方法

1. 列车在区间被迫停车的处理

（1）列车在区间被迫停车后，不能继续运行时，司机应立即使用列车无线调度通信设备通知两端站、列车调度员及运转车长（无运转车长为车辆乘务员），报告停车原因和停车位置，根据需要或运转车长指示迅速请求救援。需要防护时，列车前方由司机负责，列车后方由运转车长（无运转车长为车辆乘务员，无车辆乘务员为列车乘务员）负责。

如遇自动制动机故障，旅客列车司机应通知运转车长（无运转车长为车辆乘务员）立即组织列车乘务人员拧紧全列人力制动机，以保证就地制动；其他列车司机应立即采取安全措施，并向列车调度员报告，请求救援。

（2）对已请求救援的列车，不得再行移动，并按规定对列车进行防护。

（3）车站值班员接到司机通知后，应将区间内列车运行情况通知司机，并立即使用列车无线调度通信设备转告区间内有关列车。在停车原因消除前不得再放行追踪、续行列车。

（4）列车被迫停车可能妨碍邻线时，司机应立即用列车无线调度通信设备通知邻线上运行的列车和两端站，并与运转车长（无运转车长为车辆乘务员）分别在列车的头部和尾部附近邻线上点燃火炬；在自动闭塞区间，还应对邻线来车方向短路轨道电路。司机应亲自或指派人员沿邻线一侧对列车进行检查，发现妨碍邻线时，应立即派人按规定防护。如发现邻线有列车开来时，应鸣示紧急停车信号。

车站值班员接到列车被迫停车可能妨碍邻线的通知后，在原因消除前不得向邻线放行列车。

2. 区间防护

列车在区间被迫停车后，分别根据下列规定放置响墩防护：

（1）已请求救援时，从救援列车开来方面（不明时，从列车前后两方面），距离列车不少于300m处防护；

（2）电话中断后发出的列车（持有“红色许可证”之通知书的列车除外），应于停车后，立即从列车后方按线路最大速度等级规定的列车紧急制动距离位置处防护；

（3）对于邻线上妨碍行车地点，应从两方面按线路最大速度等级规定的列车紧急制动距离位置处防护，如确知列车开来方向时，仅对来车方面防护；

（4）列车分部运行，机车进入区间挂取遗留车辆时，应从车列前方距离不少于300m

处防护。

防护人员设置的响墩待停车原因消除后可不撤响墩。

3. 下列情况列车不准分部运行

（1）采取措施后可整列运行时；

（2）对遗留车辆未采取防护、防溜措施时；

（3）遗留车辆无人看守时；

（4）列车无线调度通信设备故障时。

4. 注意事项

在不得已情况下，列车必须分部运行时，司机应使用列车无线调度通信设备报告前方站和列车调度员，并做好遗留车辆的防溜和防护工作。司机在记明遗留车辆辆数和停留位置后，方可牵引前部车辆运行至前方站。在运行中仍按信号机的显示进行，但在半自动闭塞区间，该列车必须在进站信号机外停车（司机已用列车无线调度通信设备通知车站值班员列车为分部运行时除外），将情况通知车站值班员后再进站。车站值班员应立即报告列车调度员封锁区间，待将遗留车辆拉回车站，确认区间空闲后，方可开通区间。

二、列车分部运行时的接发列车办法

1. 前部车列的接入

车站值班员接到分部运行的报告后，立即报告列车调度员，并通过列车无线调度通信设备与司机联系，指示司机按开放的进站信号或引导信号直接进入站内。前部车列进站后，车站值班员向司机了解详细情况，将情况报告列车调度员。

在分部运行前，司机或相关人员必须做好遗留车辆的防溜和防护工作，司机在记明遗留车辆辆数和停留位置后，方可牵引前部车辆运行至前方车站。

2. 挂取区间遗留车辆的接发车

（1）发车。向区间挂取遗留车辆前，必须封锁区间。向封锁区间开行挂取遗留车辆的列车，不办理闭塞手续，进入区间行车凭证为列车调度员的命令。

（2）接车。按正常列车办理，开放进站信号机或引导接车将挂取遗留车辆列车接入站内。

（3）区间开通。遗留车辆全部挂回车站后，车站值班员应将原占用区间行车凭证收回，确认区间已空闲，立即报告列车调度员开通区间。

【任务实施与评价】

1. 下发任务单，明确任务内容及考核方式，学生课前按要求完成预习任务；

2. 教师讲解相关知识点，学生分组讨论任务，确定任务实施方式和人员分工；

3. 通过角色扮演的方式完成任务情景模拟，主要角色有车站值班员（两个车站）、列车调度员、司机、防护人员等，小组可根据人数情况设定角色，可一人扮演多个角色；

4. 教师和各小组成员担当本次任务的他人评价工作，在角色问答中相互评判组员的任务完成情况。

技能检测

1. 简述分部运行列车条件。
2. 确定行车方法与凭证选择、填写方法。
3. 哪些情况列车不准分部运行？
4. 找出你所在的铁路局对列车分部运行情况有哪些补充规定？
5. 完成任务书。

参考文献

[1] 《技规》条文说明编写组．铁路技术管理规程［M］．北京：中国铁道出版社，2010.

[2] 赵矿英．铁路行车组织［M］．北京：中国铁道出版社，2010.

[3] 李一龙．铁路行车规章教程［M］．北京：中国铁道出版社，2009.

[4] 张伟，佟罡．非正常情况下的接发列车作业程序及要点［M］．北京：中国铁道出版社，2009.

[5] 韩买良，武风时，郑松富．非正常情况接发列车及演练［M］．北京：中国铁道出版社，2011.

[6] 铁道部运输局．既有线提速 200km/h 行车组织［M］．北京：中国铁道出版社，2007.

[7] 贾毓杰．铁路信号与通信设备［M］．北京：中国铁道出版社，2007.

[8] 铁道部〔2010〕51 号．铁路营业线施工安全管理补充办法［EB/OL］．［2010—4—3］. http：//www. doc88. com/p—780442601774. html.